BESTACTIVITYBOOKS.COM

Copyright © 2022 LINGUAS CLASSICS

PRIMERA EDICIÓN - 2022

Ilustración Gráfica Extra: www.freepik.com
Gracias a Alekksall, Starline, Pch.vector, Rawpixel.com, Vectorpocket, Dgim-studio, Upklyak, Macrovector, Stockgiu, Pikisuperstar & Freepik.com Designers

Descubra Juegos Gratis Online

Disponibles Aquí:

BestActivityBooks.com/FREEGAMES

5 CONSEJOS PARA EMPEZAR

1) CÓMO RESOLVER LAS SOPA DE LETRAS

Los rompecabezas tienen un formato clásico:

- Las palabras se ocultan sin espacios ni guiones,...
- Orientación: Las palabras pueden escribirse hacia delante, hacia atrás, hacia arriba, hacia abajo o en diagonal (pueden estar invertidas).
- Las palabras pueden superponerse o cruzarse.

2) APRENDIZAJE ACTIVO

Junto a cada palabra hay un espacio para anotar la traducción. Para fomentar un aprendizaje activo, un **DICCIONARIO** al final de esta edición te permitirá comprobar y ampliar tus conocimientos. Busca y anota las traducciones, encuéntralas en el puzzle y añádelas a tu vocabulario!

3) MARCAR LAS PALABRAS

Puedes inventar tu propio sistema de marcado. ¿Quizás ya usas uno? También puedes, por ejemplo, marcar las palabras difíciles de encontrar con una cruz, las que te gustan con una estrella, las nuevas con un triángulo, las raras con un diamante, etc.

4) ESTRUCTURAR EL APRENDIZAJE

Esta edición ofrece un **CUADERNO DE NOTAS** muy práctico al final del libro. En vacaciones, de viaje o en casa, podrás organizar fácilmente tus nuevos conocimientos sin necesidad de un segundo cuaderno!

5) ¿HABÉIS TERMINADO TODAS LAS PARRILLAS?

En las últimas páginas de este libro, en la sección **DESAFÍO FINAL**, encontrarás un juego gratis!

¡Rápido y sencillo! Echa un vistazo a nuestra colección de libros de actividades para tu próximo momento de diversión y aprendizaje, ¡a sólo un clic de distancia!

Encuentre su próximo reto en:

BestActivityBooks.com/MiProximoLibro

En sus marcas, listos, ¡Ya!

¿Sabías que hay unas 7.000 lenguas diferentes en el mundo? Las palabras son preciosas.

Nos encantan los idiomas y hemos trabajado duro para crear libros de la más alta calidad para tí. ¿Nuestros ingredientes?

Una selección de temas adecuados para el aprendizaje, tres buenas porciones de entretenimiento, y luego añadimos una cucharada de palabras difíciles y una pizca de palabras raras. Los servimos con cariño y máxima diversión para que puedas resolver los mejores juegos de palabras y te diviertas aprendiendo!

Tu opinión es esencial. Puedes participar activamente en el éxito de este libro dejándonos un comentario. Nos encantaría saber qué es lo que más le ha gustado de esta edición.

Aquí hay un enlace rápido a tu página de pedidos:

BestBooksActivity.com/Opiniones50

Gracias por tu ayuda y diviértete!

Todo el equipo

1 - Ajedrez

```
M E S T E R X D P O E N G T
V K P U M E S T R A T E G I
N O I C O O J M M Z S E S T
D N L G T L G P P I Y S P D
R K L S S H K O N G E L I W
O U V H T Z O V V M K G L V
N R B V A J K Q K G A Q L K
N R F I N L B H K O Q J E M
I A E T D I A G O N A L R C
N N K W E D B I C O E M A F
G S V A R T I A X Y F R L S
R E G L E R D C Z I W F R W
T U R N E R I N G Q Z H E I
C T I D Y N X T J P B C N R
```

HVIT
MESTER
KONKURRANSE
DIAGONAL
STRATEGI
SPILL
SPILLER
SVART
MOTSTANDER

PASSIV
POENG
REGLER
DRONNING
KONGE
OFFER
TID
TURNERING

2 - Agua

```
G F O R D A M P N I N G O B
I J L A S D D D S F R O S T
J K E O R K A N N K W E I H
G A G N M R M R Ø Q F S L A
Q B E J N K P E V G U N R V
K T Y J I O N G F U K T I G
Q O S H V T M N S U T R N Z
P L I S Z M L V Z P I V N L
B D R A H E S A Å V G D S M
J S H G U L O N V T H M J B
C Z Q T T X N N V I E Q Ø U
K A N A L R I I X H T T L N
G H M O N S U N B Ø L G E R
D U S J Z W S G M Z X H X Q
```

KANAL	FLOM
DUSJ	INNSJØ
GJENNOMVÅT	REGN
FORDAMPNING	MONSUN
GEYSIR	SNØ
FROST	HAV
IS	BØLGER
FUKTIGHET	VANNING
ORKAN	ELV
FUKTIG	DAMP

3 - Granja #2

```
T  L  A  M  A  J  M  F  T  T  U  W  H  R
F  R  A  S  N  E  F  X  K  S  L  Å  V  E
R  V  A  M  D  N  R  N  O  M  L  P  E  Z
U  S  K  K  A  G  U  H  R  K  D  K  T  Q
K  D  A  W  T  L  K  Y  N  Z  S  Z  E  V
T  O  R  U  A  O  T  R  B  Y  G  G  B  F
H  B  O  N  D  E  R  D  P  G  Q  X  I  W
A  K  I  A  Y  M  F  E  M  E  L  K  K  F
G  C  U  O  R  G  Q  E  R  J  C  P  U  R
E  Z  J  L  R  V  E  K  M  Q  H  D  B  F
A  Q  J  R  W  A  X  M  D  U  C  X  E  U
Q  E  V  K  Z  C  V  A  N  N  I  N  G  L
U  M  X  H  K  M  D  T  X  Z  Z  A  U  I
O  V  O  D  G  R  Ø  N  N  S  A  K  T  J
```

BONDE	LAMA
DYR	KORN
BYGG	SAU
BIKUBE	HYRDE
MAT	AND
LAM	ENG
FRUKT	VANNING
LÅVE	TRAKTOR
FRUKTHAGE	HVETE
MELK	GRØNNSAK

4 - Mueble

```
H  J  S  P  E  I  L  M  C  V  P  L  B  P
S  E  T  E  P  P  E  A  Y  H  U  S  E  K
K  C  N  Q  N  E  R  D  F  U  T  O  N  O
R  S  Q  G  P  G  R  R  I  B  E  F  K  M
I  P  U  T  E  R  A  A  K  O  W  A  X  M
V  K  H  U  A  K  Q  S  U  K  A  X  O
E  G  D  Q  C  S  Ø  S  Z  H  Q  C  F  D
B  G  A  J  J  E  A  Y  W  Y  L  K  J  E
O  O  A  R  M  O  I  R  E  L  I  R  W  X
R  M  C  E  D  M  P  H  I  L  U  F  U  H
D  P  N  N  E  I  W  X  H  E  E  S  F  C
V  B  S  T  O  L  N  A  H  T  W  T  K  X
S  Z  F  S  A  N  B  E  D  U  R  L  E  A
L  E  N  E  S  T  O  L  R  L  A  M  P  E
```

TEPPE	SKRIVEBORD
PUTE	SPEIL
ARMOIRE	BOKHYLLE
BENK	FUTON
SENG	HENGEKØYE
PUTER	LAMPE
MADRASS	STOL
GARDINER	LENESTOL
KOMMODE	SOFA

5 - Pesca

```
K W U F Å O C L H P W C Y I
U T T I R V I B E X Q E B I
R K S N S E M Z L D J E V N
V T T N T R F A V A N N U B
O Å Y E I D X L E B C I L Å
V L R N D R C H K W T E N T
K M C E D I D H T S M B N G
R O K J E V E G A G N A Q M
O D I Z A E E D J V K O K K
K I N Q W L I J X E X P E D
Z G N D G S Q K O L L U B K
Y H S K G E M B X B E L A X
R E J Z S T R A N D F H E O
U T Ø E I B K V X A W F A R
```

VANN
FINNENE
BÅT
GJELLER
LEDNING
AGN
KURV
KOKK
UTSTYR
OVERDRIVELSE

KROK
INNSJØ
KJEVE
HAV
TÅLMODIGHET
VEKT
STRAND
ELV
ÅRSTID

6 - Aviones

```
K N U B A L L O N G H V A X
B O J P A E G U K P I L O T
R G N A O Q G T F T S B F B
E D E S I G N A K T T C L U
N J F S T H H Y D R O G E N
S H G A B R F N N M R D A M
E Ø U S N E U N Q N I C T L
L Y G J H T R K B S E Y M A
J D O E I N O W S M Y Q O N
M E B R M I C T I J G E S D
P O M F M N D J B A O R F I
P T T N E G U P U M J N Æ N
B J Z O L E V E N T Y R R G
E Z Y P R O P E L L E R E J
```

LUFT
HØYDE
LANDING
ATMOSFÆRE
EVENTYR
HIMMEL
BRENSEL
KONSTRUKSJON
RETNING

DESIGN
BALLONG
PROPELLER
HYDROGEN
HISTORIE
MOTOR
PASSASJER
PILOT

7 - Tipos de Cabello

```
B H Q R E W Q S V B T Y N N
U Ø F L E T T E T L Ø N Q Q
G Q L N D I V E G O R I A K
V K F G P Z C U K N R M C S
M E X G E R L K E D O V I V
Y H R L N T Y T H R S H N A
K O R T T E R Y V C I N R
S K I N N E N D E G I S L T
Z A R M S F E W W R T T H B
T A B Ø Z X S U R Å C D Q R
S Ø L V L J K R Ø L L E R U
U V S K A L L E T Y K K F N
N X V W N R E F L E T T E R
N S V H G B L T T C T E Q A
```

HVIT	BØLGETE
SKINNENDE	SØLV
SKALLET	KRØLLET
KORT	KRØLLER
TYNN	BLOND
GRÅ	SUNN
TYKK	TØRR
LANG	MYK
BRUN	FLETTET
SVART	FLETTER

8 - Herramientas de Cocina

```
Y O G M B R Ø D R I S T E R
Z S D L R L Z Y C R K N I V
J X R P O P E D X F O T A O
V U D T J V C N O K M N V M
F B I C A L N G D J F B V M
K R K C X S A K S E Y K S W
M K G O E U Q M M L R J I A
C J Y U M R I V J E R N L L
Z K J T E R M O M E T E R O
K J Ø L E S K A P S B J B K
R O X Q O S K J E M K F L K
M R S T E K E S P A D E I D
B E S T I K K E P L G G P N
R G A F F E L W N L Q R A T
```

BLENDER	OVN
KJELE	RIVJERN
SIL	KJØLESKAP
BESTIKK	LOKK
SKJE	GAFFEL
KNIV	TERMOMETER
STEKESPADE	SAKS
KOMFYR	BRØDRISTER
JUICER	

9 - Ciencia Ficción

```
Y  F  M  K  U  W  B  Z  Y  F  C  O  J  C
C  R  Y  I  T  B  Ø  R  V  J  P  A  I  B
D  E  S  N  O  E  K  E  M  E  X  K  E  M
E  A  T  O  P  K  E  W  C  R  D  K  Q  Y
K  L  I  A  I  S  R  W  U  N  U  I  G  C
S  I  S  F  U  T  U  R  I  S  T  I  S  K
P  S  K  I  W  R  N  P  O  U  I  G  T  Z
L  T  V  L  G  E  H  V  R  B  R  A  N  N
O  I  E  L  A  M  C  A  A  Q  O  D  B  L
S  S  R  U  L  H  T  U  K  N  O  T  Z  F
J  K  D  S  A  T  O  M  E  O  B  Z  E  G
O  E  E  J  X  B  O  P  L  A  N  E  T  R
N  G  N  O  Y  T  E  K  N  O  L  O  G  I
E  F  Q  N  I  N  N  B  I  L  T  O  I  X
```

ATOM	BØKER
KINO	MYSTISK
FJERN	VERDEN
EKSPLOSJON	ORAKEL
EKSTREM	PLANET
BRANN	REALISTISK
FUTURISTISK	ROBOTER
GALAXY	TEKNOLOGI
ILLUSJON	UTOPI
INNBILT	

10 - Juguetes

```
B A L L E I R E H S E B W X
L A S T E B I L Å X J F D K
S Z R D T S E Z N X B A U U
B Ø K E R P K R D J E V K F
X K X Q O I F F V L V O K K
D L U S M L M C E B U R E S
R A E W M L A Z R I Å I Z Y
A O Q U E H L I K L I T O K
G O B Z R X I X F N M T H K
E E M O F A N T A S I D V E
U I P P T G G G P O Z Z V L
X R U T D Z R T F L Y J X E
P U S L E S P I L L T O G I
L B O S C H T A H H K C Y F
```

SJAKK   FAVORITT
LEIRE   FANTASI
HÅNDVERK   SPILL
FLY   BØKER
BÅT   DUKKE
SYKKEL   MALING
BALL   ROBOT
LASTEBIL   PUSLESPILL
BIL   TROMMER
DRAGE   TOG

11 - Circo

```
S  X  I  M  E  R  E  N  K  M  D  O  A  Q
N  J  I  Q  G  A  E  F  L  A  B  Y  K  G
N  L  O  E  E  V  W  I  O  G  I  T  R  O
C  T  T  N  J  B  M  C  V  I  L  R  O  S
V  V  O  C  G  A  P  E  N  K  L  I  B  P
T  I  G  E  R  L  A  P  J  E  E  K  A  E
T  E  L  T  D  L  Ø  A  T  R  T  S  T  K
M  M  O  Z  B  O  W  R  I  E  T  A  Q  T
T  U  Y  T  V  N  A  A  L  L  Ø  V  E  A
W  C  S  N  S  G  Q  D  S  E  M  U  V  K
V  D  E  I  I  E  C  E  K  F  A  Z  S  U
I  Z  B  O  K  R  U  E  U  A  G  J  Q  L
T  Z  C  D  V  K  Z  M  E  N  I  L  G  Æ
K  O  S  T  Y  M  E  A  R  T  Z  U  P  R
```

AKROBAT	MAGI
DYR	MAGIKER
BILLETT	SJONGLØR
TELT	APE
PARADE	MUSIKK
ELEFANT	KLOVN
SPEKTAKULÆR	TIGER
TILSKUER	KOSTYME
BALLONGER	TRIKS
LØVE	

12 - Rellenar

```
B K B M Q M J O X A Y M K F
Z O R Ø R R W C P L K A A X
H N E B Ø T T E D O S P R L
R V T P L X X I M M G P T G
K O T J A O U I Q M Q E O R
S L S J F K O F F E R T N P
G U S V L F K R U K K E G R
N T M B A S S E N G E F E J
Y T C B S S K U R V T G A C
B Z G L K R E S K U F F D T
F J Y E E B Q G H L N X O E
E Q K E S K E H D Q K V L E
S K B O F P O S E E H V Z N
Y Y U J C B R J U I H P Z X
```

BRETT	KURV
FAT	BØTTE
POSE	BASSENG
LOMME	VASE
FLASKE	KOFFERT
ESKE	PAKKE
SKUFF	KONVOLUTT
MAPPE	KRUKKE
KARTONG	RØR

13 - Granja #1

```
I  N  B  L  Y  J  S  T  Z  H  T  C  K  M
T  Y  V  I  R  M  P  S  F  Ø  U  N  B  H
X  P  A  C  E  S  I  G  R  Y  V  Q  X  B
H  O  N  N  I  N  G  J  Ø  R  J  V  N  K
A  E  N  B  B  O  S  Ø  A  K  X  J  T  A
H  E  S  T  F  P  A  D  F  F  S  M  G  T
T  K  U  E  W  L  B  S  R  P  E  S  E  T
E  R  X  T  L  A  E  E  S  K  F  L  I  H
K  Y  L  L  I  N  G  L  H  U  N  D  T  Z
H  G  L  B  Q  D  G  J  E  R  D  E  V  P
F  F  T  E  L  B  C  I  F  M  L  F  G  K
K  A  L  V  E  R  L  A  N  D  O  S  P  T
K  R  Å  K  E  U  R  I  S  D  I  T  W  B
C  D  T  G  S  K  V  X  L  E  Q  G  N  T
```

BIE	KATT
LANDBRUK	HØY
VANN	HONNING
RIS	HUND
ESEL	KYLLING
HEST	FRØ
GEIT	KALV
FELT	LAND
KRÅKE	KU
GJØDSEL	GJERDE

14 - Camping

```
G L P R F H I U D B R A N N
I N N S J Ø N T H Y T T E A
N W S Z E E S S A Z R Z K P
H F T H L V E T T Z L D J E
M Å N E L E K Y T K H T C E
E E A N L N T R Æ R D H O D
H S T G Z T H B E S K Z V R
V U U E W Y T J W X C N N K
D J R K S R N A V E V C Y V
H T C Ø R K R K A R T D N A
X O T Y R A O T Q A F P N M
I E T E M N C G I P R W U F
M H A K M O K O M P A S S C
U O U N Z P D F F X N L M L
```

DYR	UTSTYR
EVENTYR	BRANN
TRÆR	HENGEKØYE
SKOG	INSEKT
KOMPASS	INNSJØ
HYTTE	MÅNE
KANO	KART
TELT	FJELL
JAKT	NATUR
TAU	HATT

15 - Fruta

```
F W P F N U O M P V X R E K
K E B M A N G O E X N P S I
O O R G Z Y U N P L P V I W
K R I S T F A E L F O Æ T I
O A N N K O V K E P K N R S
S N G M R E A T C H Q N O E
N S E T W A N A N A S N N Y
Ø J B Æ R P A R B A N A N F
T E Æ N Y R K I R S E B Æ R
T D R N V I E N P A P A Y A
V R P R B K B K G V E Z U H
L U F A V O K A D O C M E R
Q E Z R S S Y J G W S X C J
C E R V D A F X L G Q P B R
```

AVOKADO
APRIKOS
BÆR
KIRSEBÆR
KOKOSNØTT
BRINGEBÆR
GUAVA
KIWI
SITRON
MANGO

EPLE
FERSKEN
MELON
ORANSJE
NEKTARIN
PAPAYA
PÆRE
ANANAS
BANAN
DRUE

16 - Geología

```
I  G  X  B  F  O  S  S  I  L  T  T  P  S
V  H  P  K  K  D  X  T  V  K  A  T  L  T
U  L  A  V  A  K  J  E  M  P  I  G  A  A
L  U  L  A  L  O  C  I  U  Z  D  P  T  L
K  J  M  R  S  R  R  N  Y  E  N  L  Å  A
A  O  I  T  I  A  Y  F  S  H  U  L  E  K
N  R  N  S  U  L  S  A  L  T  U  B  Z  T
G  D  E  T  M  L  T  H  S  Y  R  E  X  I
E  S  R  S  I  S  A  E  K  R  H  S  C  T
Y  K  A  F  J  N  L  X  N  T  C  K  W  T
S  J  L  K  I  U  E  E  R  O  S  J  O  N
I  E  E  V  S  S  J  N  S  O  M  H  X  U
R  L  R  U  E  C  F  E  T  E  U  I  T  P
V  V  S  T  A  L  A  G  M  I  T  T  E  R
```

SYRE	STALAGMITTER
KALSIUM	FOSSILT
LAG	GEYSIR
HULE	LAVA
KONTINENT	PLATÅ
KORALL	MINERALER
CRYSTAL	STEIN
KVARTS	SALT
EROSJON	JORDSKJELV
STALAKTITT	VULKAN

17 - Plantas

```
E  C  G  E  K  B  U  N  H  F  K  T  A  L
Q  D  N  K  P  A  T  A  A  Z  R  U  Z  N
L  Ø  V  V  E  R  K  D  G  K  O  F  S  L
B  Æ  R  M  O  S  E  T  E  Z  N  L  K  E
L  O  H  N  A  Y  F  R  U  N  B  O  O  S
A  W  T  B  A  Z  Ø  E  Y  S  L  R  G  A
D  R  E  A  V  G  Y  F  H  N  A  A  G  I
H  N  C  M  N  J  R  G  J  Ø  D  S  E  L
R  O  T  B  B  I  D  E  B  L  O  M  S  T
S  X  D  U  Ø  C  K  Y  S  O  N  F  U  S
X  E  T  S  N  V  C  K  P  S  D  N  I  D
T  S  U  S  N  N  Q  I  L  H  R  Y  C  F
H  C  R  A  E  U  V  E  H  R  O  B  M  N
B  U  S  K  V  E  G  E  T  A  S  J  O  N
```

BUSK	LØVVERK
TRE	BØNNE
BAMBUS	EFØY
BÆR	GRESS
SKOG	BLAD
BOTANIKK	HAGE
KAKTUS	MOSE
GJØDSEL	KRONBLAD
BLOMST	ROT
FLORA	VEGETASJON

18 - Suministros de Arte

```
C S B R N S I S N A S T S X
X B E H G G T D K F Z Q K G
B Ø R S T E R A E Y P O A A
O C P A P I R Y F E S L M V
R A B S K M S G X F R J E A
D K L T U R E J V B E E R N
G V E O X T Y L I M B L A N
C A K L C P V L S D L Y I M
U R K E J O S Q K G Y V E A
L E I R E K N I E Q A I P L
P L D R C U D I L W N I R I
G L Y W H L Z N Æ B T S C N
P E H C A L K Y R O E B A G
O R S Q B Y C S F A R G E R
```

OLJE	FARGER
AKRYL	IDEER
AKVARELLER	BLYANTER
VANN	BORD
LEIRE	PAPIR
VISKELÆR	LIM
STAFFELI	MALING
KULL	STOL
KAMERA	BLEKK
BØRSTER	

19 - Jardín

```
J P B C F F T L V T V G P Q
V O N U N R R Y E R P I J M
T H R S S U A F R E V P S Y
S P A D E K M G A R A S J E
P N K H T T P K N Y B T T H
U E E Q B H O M D F D A P E
J G G R L A L J A U N B H N
S R R G O G I G J E R D E G
Z E H E M E N C X V W B J E
D S M J S T E R R A S S E K
A S B Z T S E J P P H B M Ø
M O E T M D B F L R A E J Y
U X N J T Z O A E S G B Q E
E Y K E K S L A N G E X F Y
```

BUSK   HAGE
TRE   UGRESS
BENK   SLANGE
PLEN   SPADE
DAM   VERANDA
BLOMST   RAKE
GARASJE   JORD
HENGEKØYE   TERRASSE
GRESS   TRAMPOLINE
FRUKTHAGE   GJERDE

20 - Países #2

```
O L J A P A N A O K A Z W I
A K X P O R T U G A L O D N
H U G A N D A J U D B P A D
E A M E X I C O O R A A N O
L T U H X B M O L I N K M N
L L I S X S U D A N I I A E
A E A O T Y W V T A A S R S
S Z T O P R C X C L J T K I
W D Q X S I A K Z I A A J A
L J X F H A A L L C M N M T
R U S S L A N D I Z A B X T
I R L A N D U K R A I N A D
Ø S T E R R I K E I C H K U
F R A N K R I K E X A W T Y
```

ALBANIA	JAPAN
AUSTRALIA	LAOS
ØSTERRIKE	MEXICO
DANMARK	PAKISTAN
ETIOPIA	PORTUGAL
FRANKRIKE	RUSSLAND
HELLAS	SYRIA
INDONESIA	SUDAN
IRLAND	UKRAINA
JAMAICA	UGANDA

21 - Tecnología

```
S  P  D  K  P  Y  E  I  D  V  V  S  S  N
K  R  R  A  A  C  O  N  A  I  I  K  I  E
J  O  Y  I  T  M  J  T  T  R  R  R  K  T
E  G  X  I  O  A  E  E  A  U  T  I  K  T
R  R  K  U  C  Y  Q  R  M  S  U  F  E  L
M  A  L  E  Q  F  S  N  A  T  E  T  R  E
L  M  F  I  L  V  S  E  S  A  L  A  H  S
B  V  U  E  N  M  H  T  K  T  L  B  E  E
E  A  T  B  Y  T  E  T  I  I  K  T  R
W  R  I  L  Y  B  P  L  N  S  S  O  X  O
Z  E  L  O  P  Z  D  H  D  T  L  R  E  V
U  D  I  G  I  T  A  L  T  I  E  A  Q  C
A  K  Z  G  R  F  O  R  S  K  N  I  N  G
M  A  R  K  Ø  R  G  H  H  K  W  G  L  E
```

FIL
BLOGG
BYTE
KAMERA
MARKØR
DATA
DIGITALT
STATISTIKK
SKRIFT
INTERNETT

FORSKNING
MELDING
NETTLESER
DATAMASKIN
SKJERM
SIKKERHET
PROGRAMVARE
VIRTUELL
VIRUS

22 - Números

```
Å T T E K Y D P B P E S F H
W R R M I W M T O E R Y H D
M E D E S I M A L E M T B N
N Q F P T F J C D Z S T O C
U I G P P T E T R S P E D I
L C T O L V E F J Y H N H L
L Z O T S C A N T V O P N H
L O P F E M T E N O R P W K
O R O X K N T Q I C R Y Q J
D S E K S T E N T M Y F Q I
V P J B R W N F I R E E T I
X A Q B D U O X V V E M Q N
F J O R T E N T J U E U F J
J R J C Y S Y N N Q H F C A
```

FJORTEN	TOLV
NULL	TO
FEM	NI
FIRE	ÅTTE
DESIMAL	FEMTEN
NITTEN	SEKS
ATTEN	SYV
SEKSTEN	TRETTEN
SYTTEN	TRE
TI	TJUE

23 - Mitología

```
A  R  K  E  T  Y  P  E  U  K  L  K  O  C
D  Ø  D  E  L  I  G  E  D  U  E  A  B  W
V  B  O  V  T  S  T  V  Ø  L  G  T  X  U
C  D  E  F  O  Y  T  S  D  T  E  A  C  K
L  A  B  Y  R  I  N  T  E  U  N  S  S  M
O  H  L  U  D  Q  E  Y  L  R  D  T  J  V
M  P  I  H  E  L  T  R  I  S  E  R  A  P
I  O  P  M  N  Y  X  K  G  K  D  O  L  E
M  W  N  F  M  N  P  E  H  A  B  F  U  Y
E  J  P  S  Ø  E  H  R  E  P  E  E  S  P
H  E  V  N  T  R  L  M  T  N  Y  N  I  C
X  S  O  L  H  E  S  K  R  I  G  E  R  C
B  W  S  X  I  W  R  E  O  N  H  G  K  B
S  K  A  P  E  L  S  E  L  G  S  W  L  U
```

ARKETYPE	KRIGER
SJALUSI	HELT
HIMMEL	UDØDELIGHET
OPPFØRSEL	LABYRINT
SKAPELSE	LEGENDE
TRO	MONSTER
SKAPNING	DØDELIG
KULTUR	LYN
KATASTROFE	TORDEN
STYRKE	HEVN

24 - Ecología

```
X H X G Z N A T U R L J F I
T K L I M A W F L O R A F S
I Ø A J Y T F D R A S O F D
M Y R D W U M A N G F O L D
H B U K I R G Q U L D S S E
N R C P E L B U E N X T A X
A J H A B I T A T U A I M Z
F J E L L G L O B A L Z F B
O V E R L E V E L S E O U M
F B P V E G E T A S J O N A
R E S S U R S E R Z N G N R
B Æ R E K R A F T I G H Z I
P L A N T E R K R O I W K N
F R I V I L L I G E F J G E
```

KLIMA	NATURLIG
SAMFUNN	NATUR
MANGFOLD	MYR
ART	PLANTER
FAUNA	RESSURSER
FLORA	TØRKE
GLOBAL	BÆREKRAFTIG
HABITAT	OVERLEVELSE
MARINE	VEGETASJON
FJELL	FRIVILLIGE

25 - Herramientas

```
P A M M S P A D E H B S H Q
B A O C A T A N G J A T E V
H A M M E R I H A U R I R S
L I M X V R H G F L B F S K
P E Q V C H S H E O E T K R
V R H U F Q E Q Z M R E E U
K D S W R X C J K M H M R E
H G T A U W C W A E Ø A S I
K U I Z B Z E I B L V S U J
U G F D S C D G E Y E K P M
S I T W I Z Ø H L K L I V G
Z A K B Q D P K H T L N P R
W L K N I V V C S B J M O E
A G O S S W W L Z Y S A I M
```

TANG	HAMMER
LOMMELYKT	BARBERHØVEL
KABEL	SPADE
KNIV	LIM
TAU	HERSKER
STIGE	HJUL
STIFT	SAKS
STIFTEMASKIN	SKRUE
ØKS	

26 - Casa

```
I W Z T B H V G J T D U S J
Y P N V I N D U E M I F O X
S S T Z B G B V H P Q V V A
M U G U L V W D H A G E E E
B T A K I S C Y M V T V R J
H S R N O N P L F T Z S O P
L M A Q T R W E U M U F M E
A I S V E G G M I E J Y T I
M K J Ø K K E N G L D Ø R S
P N E L Q A L K J T E P P E
E X U K O S T R E L N H X I
X I Y I O F M A R T K O R T
T E X Z T B T N D A J W W B
K J E L L E R H E W D F Z E
```

TEPPE	KRAN
LOFT	HAGE
BIBLIOTEK	LAMPE
PEIS	VEGG
KJØKKEN	GULV
SOVEROM	DØR
DUSJ	KJELLER
KOST	TAK
SPEIL	GJERDE
GARASJE	VINDU

27 - Artes Visuales

```
B A F P G Y U I U A H Q H P
L R A I E G X U M L E I R E
Y T M B L R S W V O K S M N
A I Q L A M S K Z P R Z A N
N S G A K A N P U N H D L M
T T I A K Q F K E L W U E E
F O T O G R A F I K P R R S
S T A F F E L I M X T T I T
K R E A T I V I T E T I U E
S J A B L O N G E A X T V R
S A M M E N S E T N I N G V
A R K I T E K T U R E A L E
P O R T R E T T K R I T T R
V R O G D O K E R A M I K K
```

LEIRE
ARKITEKTUR
ARTIST
LAKK
STAFFELI
VOKS
KERAMIKK
SAMMENSETNING
KREATIVITET
SKULPTUR

FOTOGRAFI
BLYANT
MESTERVERK
FILM
PERSPEKTIV
MALERI
SJABLONG
PENN
PORTRETT
KRITT

28 - Escuela #2

```
F  S  P  I  L  L  D  L  B  L  D  A  R  U
W  O  E  B  F  T  A  U  Y  E  A  K  Y  T
I  N  R  U  B  Ø  K  E  R  S  T  A  G  D
L  W  L  S  L  P  V  D  L  I  A  D  G  A
L  L  L  S  Y  W  A  Y  F  N  M  E  S  N
R  Æ  F  Q  A  N  L  P  F  G  A  M  E  N
U  F  R  O  N  M  I  F  I  W  S  I  K  I
D  U  V  E  T  S  S  N  N  R  K  S  K  N
O  B  O  E  R  W  A  W  G  Y  I  K  J  G
R  G  A  M  N  U  K  A  L  E  N  D  E  R
D  V  I  T  E  N  S  K  A  P  R  M  Q  G
B  Q  B  A  L  I  T  T  E  R  A  T  U  R
O  B  I  B  L  I  O  T  E  K  E  G  P  Z
K  L  Æ  R  G  R  A  M  M  A  T  I  K  K
```

AKADEMISK	LESING
BUSS	BØKER
BIBLIOTEK	LITTERATUR
KALENDER	RYGGSEKK
VITENSKAP	DATAMASKIN
ORDBOK	PAPIR
UTDANNING	LÆRER
GRAMMATIKK	KLÆR
SPILL	FORSYNINGER
BLYANT	SAKS

29 - Selva Tropical

```
S  T  F  W  T  F  P  G  M  L  Q  Y  K  A
M  A  S  U  V  T  U  A  U  R  S  V  B  M
A  I  M  O  S  E  D  G  T  H  K  X  I  F
N  N  P  F  Q  X  N  N  L  T  Y  H  N  I
G  S  N  J  U  N  G  E  L  E  E  B  Y  B
F  E  A  R  R  N  Q  W  M  G  R  D  U  I
O  K  T  K  F  B  N  W  L  R  Y  N  Y  E
L  T  U  X  O  I  A  E  Y  E  V  L  S  R
D  E  R  C  L  U  K  Z  T  S  Q  W  C  I
E  R  K  X  K  I  D  I  E  P  T  X  E  Y
P  O  R  E  S  T  A  U  R  E  R  I  N  G
B  E  V  A  R  I  N  G  I  K  L  I  M  A
B  O  T  A  N  I  S  K  A  T  D  Q  K  U
A  R  T  I  L  F  L  U  K  T  R  U  X  D
```

AMFIBIER	MOSE
BOTANISK	NATUR
KLIMA	SKYER
SAMFUNNET	FUGLER
MANGFOLD	BEVARING
ART	TILFLUKT
URFOLK	RESPEKT
INSEKTER	RESTAURERING
PATTEDYR	JUNGEL

30 - Colores

```
V B O I C D Y W T A A L N I
B E V D Y P R D P J B G I A
T I L P A F N R W Z J W H A
B G O B N I G V B Y G S F U
W E M F E O J I V B X J S I
R Ø D G V L B U S A B F I E
G O M A G E N T A S E P I A
R R S I Y T L J T F V G N O
Å I Ø A Y T A S G U N U D R
B K J N L I L L A C C L I A
V Y L P N B R U N H S C G N
B L Å I S C E D Z S V C O S
G Q A F S V A R T I J J I J
U F A A A S K U W A O K T E
```

GUL	BRUN
BLÅ	ORANSJE
BEIGE	SVART
HVIT	LILLA
CYAN	RØD
FUCHSIA	ROSA
GRÅ	SEPIA
INDIGO	GRØNN
MAGENTA	FIOLETT

31 - Adjetivos #1

```
A  R  O  M  A  T  I  S  K  U  F  M  L  T
K  S  I  Y  T  I  M  J  E  S  T  O  R  U
T  J  R  Q  T  F  Ø  E  N  K  P  D  F  N
I  J  M  L  R  X  R  N  O  Y  B  E  Z  G
V  U  G  V  A  H  K  E  R  L  Æ  R  I  N
A  L  T  E  K  N  W  R  M  D  R  N  R  U
U  M  A  R  T  V  G  Ø  A  I  L  E  E  X
N  F  B  D  I  X  I  S  F  G  I  S  K  U
G  K  S  I  V  K  F  K  O  V  G  U  S  L
E  T  O  F  S  P  W  H  T  M  V  I  O  G
K  C  L  U  H  I  Y  D  F  I  E  C  T  A
R  V  U  L  N  G  Ø  U  S  C  G  O  I  O
K  K  T  L  C  Q  T  S  E  R  I  Ø  S  J
W  U  T  C  A  A  L  P  E  R  F  E  K  T
```

ABSOLUTT	VIKTIG
AKTIV	USKYLDIG
AMBISIØS	UNG
AROMATISK	LANGSOM
ATTRAKTIV	MODERNE
ENORM	MØRK
EKSOTISK	PERFEKT
SJENERØS	TUNG
STOR	SERIØS
ÆRLIG	VERDIFULL

32 - Familia

```
F A D E R L I G N H M G N B
T B N Q B F M L O E L N Q B
G B R J Z A O Z D K V T K D
R K D G B R R K P G Y Ø O J
T J C V A V S N S R I B N V
B Q D E R X E R Ø B H Q E N
S B W K N F Y Z S R F E P I
B E S T E M O R T O E Q C E
A S T E B T K I E R T Z Y S
R T A M A P A M R M T Y S E
N E M A R U Q N V O E D C N
D F F N N Y C P T R R G C W
O A A N D Y O N K E L T Z E
M R R D A T T E R U G C Z I
```

BESTEMOR	MORS
BESTEFAR	BARNEBARN
STAMFAR	BARN
KONE	FAR
SØSTER	FADERLIG
BROR	FETTER
DATTER	NIESE
BARNDOM	NEVØ
MOR	TANTE
EKTEMANN	ONKEL

33 - Disciplinas Científicas

```
Ø  H  B  C  M  Z  O  O  L  O  G  I  Z  G
P  K  R  N  E  V  R  O  L  O  G  I  T  E
S  F  O  C  T  B  I  O  K  J  E  M  I  O
Y  Y  N  L  E  B  I  O  L  O  G  I  T  L
K  S  W  P  O  N  E  V  K  U  N  N  W  O
O  I  P  H  R  G  M  W  W  J  B  X  N  G
L  O  M  L  O  T  I  Y  N  P  E  T  C  I
O  L  E  P  L  J  A  N  A  T  O  M  I  R
G  O  K  B  O  T  A  N  I  K  K  C  I  R
I  G  A  I  G  S  O  S  I  O  L  O  G  I
F  I  N  M  I  N  E  R  A  L  O  G  I  Z
F  L  I  N  G  V  I  S  T  I  K  K  T  K
A  R  K  E  O  L  O  G  I  Q  L  M  K  M
I  E  K  I  M  M  U  N  O  L  O  G  I  R
```

ANATOMI	LINGVISTIKK
ARKEOLOGI	MEKANIKK
BIOLOGI	METEOROLOGI
BIOKJEMI	MINERALOGI
BOTANIKK	NEVROLOGI
ØKOLOGI	PSYKOLOGI
FYSIOLOGI	KJEMI
GEOLOGI	SOSIOLOGI
IMMUNOLOGI	ZOOLOGI

34 - Gatos

```
K L K X Y G L D S N G F A P
W J R J Q B A I J Y C A U E
F J Æ F B P D R E Y F A H R
V X K R W M G S N A M H A S
R I H R L B A V E W D M L O
A H L K V I L Y R P O T E N
J Z C L M Z G Y T R E P H L
T B U G O Z W I C Q N E B I
G J F K R J T G P K U L M G
R V T J E G E R I U W S U H
F V Q K L O C W N U X U S E
U A V H E N G I G M S P Ø T
Q C N Y S G J E R R I G V E
L E K E N M O R S O M J N I
```

KJÆRLIG   LEKEN
JEGER   GAL
HALE   POTE
NYSGJERRIG   PERSONLIGHET
SØVN   PELS
KLO   MUS
MORSOM   VILL
GARN   SJENERT
UAVHENGIG

35 - Cocina

```
K N I V E R S Ø B N K Y S O
R Q Y B Z I K S M O V N P D
U K D Y J Q J E A Y L Q I M
K S F J L L E B T H M L S F
K E O K G J E K R Y D D E R
E R R P O F R J A Y G C P Y
B V K D P P Y E A T A M I S
Z I L E V S P L S F F N N E
G E E Y Z H K E I T L G N R
G T S V A M P R R S E R E F
S T Z S L U O S I S R I R P
T E L I X G Y S O F J L O F
X B T C A G C C L N T L X L
H K J Ø L E S K A P L E C L
```

KJELE	MUGGE
MAT	SPISEPINNER
FRYSER	GRILLE
SKJEER	OPPSKRIFT
ØSE	KJØLESKAP
KNIVER	SERVIETT
FORKLE	KRUKKE
KRYDDER	KOPPER
SVAMP	BOLLE
OVN	GAFLER

36 - Escuela #1

```
Q  R  I  R  R  T  X  C  C  K  M  D  B  B
K  A  J  Q  R  N  T  J  A  L  A  E  L  I
C  C  L  E  R  T  A  P  N  A  T  V  Y  B
Z  C  D  H  Z  W  P  F  C  S  T  X  A  L
M  E  K  S  A  M  E  N  V  S  E  V  N  I
A  T  T  M  P  V  B  Ø  K  E  R  L  T  O
P  D  G  O  H  A  X  E  Z  R  N  U  V  T
P  L  Æ  R  E  R  P  G  B  O  T  N  U  E
E  P  L  O  J  S  X  I  A  M  N  S  E  K
R  T  E  S  Q  V  K  S  R  Y  H  J  S  R
M  X  R  N  K  A  A  L  F  A  B  E  T  H
S  I  A  I  N  R  I  R  O  A  F  T  O  I
R  A  S  F  R  E  O  M  E  R  F  Q  L  J
F  E  A  L  S  K  R  I  V  E  B  O  R  D
```

ALFABET	BLYANT
LUNSJ	BØKER
VENNER	MATTE
KLASSEROM	PAPIR
BIBLIOTEK	PENNER
MAPPER	LÆRER
MORO	SVAR
SKRIVEBORD	STOL
EKSAMEN	

37 - Adjetivos #2

```
A  N  Q  S  K  S  K  N  F  E  R  S  K  E
N  Y  J  T  S  R  B  D  O  A  I  P  X  L
S  W  I  O  T  N  E  R  B  R  T  V  Z  E
V  A  N  L  E  M  B  A  S  E  M  M  O  G
A  K  T  T  R  R  E  M  T  D  R  A  J  A
R  L  E  X  K  Y  S  A  S  I  P  Ø  L  N
L  P  R  O  D  U  K  T  I  V  V  N  M  T
I  X  E  N  G  J  R  I  D  S  D  A  P  T
G  G  S  I  U  U  I  S  S  B  K  T  X  R
I  T  S  U  L  U  V  K  A  P  U  U  C  Ø
R  F  A  P  U  G  E  K  R  Y  D  R  E  T
S  U  N  N  Q  Q  N  T  Ø  R  R  L  H  T
Y  G  T  D  S  F  D  S  L  G  B  I  Q  R
S  A  L  T  D  Z  E  H  J  R  X  G  D  Y
```

TRØTT	NORMAL
KREATIV	NY
BESKRIVENDE	STOLT
DRAMATISK	KRYDRET
ELEGANT	PRODUKTIV
BERØMT	ANSVARLIG
FERSK	SALT
STERK	SUNN
INTERESSANT	TØRR
NATURLIG	

38 - Cuerpo Humano

```
A H Å N D M B W W Z X F S H
L H U L V X F Q X M Y I G L
B U C D X X N Z Y D E N D E
U S E L C Y K M B F T G L V
E W Ø Y E B I N H O D E W T
M U N N G B D H A L S R R T
D H B N A N S I K T K N E U
H J E R T E Ø R E J U F K N
T G P W M T H W M P L K Y G
W V J B S I K J X E D C S E
Q G Y Y E O I N E S E B I F
R B L O D I M O F R R H B M
E O F I T A N K E L N B K S
O N L Z N L H F N H C E W D
```

HAKE	TUNGE
MUNN	HÅND
HODE	NESE
ANSIKT	ØYE
HJERNE	ØRE
ALBUE	HUD
HJERTE	BEIN
HALS	KNE
FINGER	BLOD
SKULDER	ANKEL

39 - Ciencia

```
M  M  K  E  D  J  H  S  D  L  Q  F  H  M
P  O  N  L  P  N  I  T  M  A  T  O  M  I
Q  L  L  A  I  Y  L  T  E  B  T  J  S  N
C  E  A  G  T  M  K  R  L  O  W  A  Z  E
H  K  F  Z  R  U  A  F  O  R  S  K  E  R
F  Y  S  I  K  K  R  N  G  A  T  X  S  A
L  L  M  E  T  O  D  E  C  T  L  R  C  L
T  E  N  U  T  Y  H  Y  P  O  T  E  S  E
O  R  G  A  N  I  S  M  E  R  Z  B  Q  R
V  H  H  B  M  P  A  R  T  I  K  L  E  R
J  T  H  R  W  E  V  O  L  U  S  J  O  N
F  A  K  T  U  M  H  G  Y  M  J  V  B  Z
T  Y  N  G  D  E  K  R  A  F  T  H  S  X
E  K  S  P  E  R  I  M  E  N  T  K  H  Z
```

ATOM
FORSKER
KLIMA
DATA
EVOLUSJON
EKSPERIMENT
FYSIKK
TYNGDEKRAFT
FAKTUM

HYPOTESE
LABORATORIUM
METODE
MINERALER
MOLEKYLER
NATUR
ORGANISME
PARTIKLER

40 - Dinosaurios

```
E  N  O  R  M  E  V  O  L  U  S  J  O  N
B  F  I  U  V  U  X  M  M  A  M  M  U  T
J  O  R  D  V  M  A  N  H  N  V  H  L  P
K  R  A  F  T  I  G  I  X  E  I  Q  H  I
K  H  M  R  A  A  U  V  Z  J  N  O  I  Q
J  I  S  Z  T  Z  M  O  M  W  G  L  N  R
Ø  S  R  G  Q  Q  B  R  O  F  E  I  Z  D
T  T  C  Y  K  N  S  E  M  F  R  D  R  H
T  O  K  H  R  S  T  Ø  R  R  E  L  S  E
E  R  Y  L  A  F  O  S  S  I  L  E  R  N
T  I  J  G  P  L  R  F  K  L  P  K  E  K
E  S  B  Y  T  T  E  R  E  P  T  I  L  D
R  K  A  F  O  R  S  V  I  N  N  I  N  G
X  R  J  A  R  H  E  R  B  I  V  O  R  E
```

VINGER	MAMMUT
KJØTTETER	OMNIVORE
HALE	KRAFTIG
FORSVINNING	FORHISTORISK
ENORM	BYTTE
ART	RAPTOR
EVOLUSJON	REPTIL
FOSSILER	STØRRELSE
STOR	JORD
HERBIVORE	OND

41 - Restaurante #2

```
R A U X G G P K N S S L M S
M K E L N E R A W U T U H I
A I T E R D Q K S P O N U P
B S D R I K K E A P L S L Z
D R C D V A N N L E U J I R
W V D E A R L F A S A L T F
J B F I K G A G T P F I S K
E G G L O A T K L A O L N J
R R L I U F S K J E R N Y N
Z V S G E F Y S J Z R O N D
F L Y C B E P M P E E G N F
O D T E O L T J Q E T J G U
K R Y D D E R G D J T F J X
V P F R U K T C D K O Z E U
```

VANN	FRUKT
LUNSJ	IS
FORRETT	EGG
DRIKK	KAKE
KELNER	FISK
MIDDAG	SALT
SKJE	STOL
DEILIG	SUPPE
SALAT	GAFFEL
KRYDDER	

42 - Profesiones #1

```
T C R P A M B A S S A D Ø R
C R W J I P S Y K O L O G Ø
S E E R O A A T L E T K L R
Y D I N U S N K I E J V B L
K A W O E T J I L Z J H B E
E K N H O R A F S E I O A G
P T B D Y O F D U T G O N G
L Ø B R A N N M A N N E K E
E R C J D O K U H U G R I R
I F O Q V M V S O J E G E R
E P W J O Q I I K A O H R Z
R Q D K K R T K Z Z L R E C
S O K D A N S E R H O G E B
M K A R T O G R A F G V N X
```

ADVOKAT
ASTRONOM
ATLET
DANSER
BANKIER
BRANNMANN
KARTOGRAF
JEGER
LEGE

REDAKTØR
AMBASSADØR
SYKEPLEIER
TRENER
RØRLEGGER
GEOLOG
MUSIKER
PIANIST
PSYKOLOG

43 - Vehículos

```
F  B  R  C  K  O  U  N  V  I  E  U  F  L
E  C  A  M  P  I  N  G  V  O  G  N  L  A
R  B  K  T  A  X  I  V  B  A  E  D  Å  S
J  D  E  P  D  M  I  A  I  M  Q  E  T  T
E  N  T  D  C  P  X  R  L  B  E  R  E  E
M  F  T  E  F  U  V  E  B  U  C  V  Y  B
W  O  V  K  I  L  D  B  U  L  P  A  V  I
B  Å  T  K  W  R  Y  I  S  A  E  N  C  L
S  K  N  O  D  X  R  L  S  N  R  N  Z  R
Y  W  P  T  R  U  L  W  Y  S  K  S  C  X
K  H  E  L  I  K  O  P  T  E  R  B  H  B
K  P  T  R  A  K  T  O  R  T  S  Å  D  D
E  E  Z  T  V  X  N  N  T  T  O  T  X  Y
L  W  U  G  R  U  B  M  E  X  U  G  C  D
```

AMBULANSE	FERJE
BUSS	VAREBIL
FLY	HELIKOPTER
FLÅTE	MOTOR
BÅT	DEKK
SYKKEL	UNDERVANNSBÅT
LASTEBIL	TAXI
CAMPINGVOGN	TRAKTOR
BIL	TOG
RAKETT	

44 - Vacaciones #2

```
T  Z  T  Z  U  T  L  E  N  D  I  N  G  N
V  E  R  K  N  R  J  R  R  R  B  D  H  L
A  G  L  S  H  A  V  E  M  E  I  E  O  J
E  A  C  T  F  N  I  S  X  S  L  S  T  Q
I  Z  T  R  E  S  S  T  Z  E  D  T  E  O
R  H  O  A  R  P  U  A  T  R  E  I  L  F
E  S  V  N  I  O  M  U  A  V  R  N  L  R
I  Q  X  D  E  R  C  R  X  A  J  A  M  I
S  W  H  B  B  T  R  A  I  S  P  S  W  T
E  R  I  L  M  Q  E  N  W  J  G  J  F  I
T  L  Ø  G  K  P  U  T  M  O  W  O  W  D
F  L  Y  P  L  A  S  S  E  N  T  N  A  L
O  O  H  V  X  S  R  D  N  E  C  O  T  P
M  D  N  J  F  S  X  T  B  R  J  H  G  L
```

FLYPLASSEN	PASS
TELT	STRAND
DESTINASJON	RESERVASJONER
UTLENDING	RESTAURANT
BILDER	TAXI
HOTELL	TRANSPORT
ØY	TOG
KART	FERIE
HAV	REISE
FRITID	VISUM

45 - Cumpleaños

```
D Q S P E S I E L L N D I Q
A U C E W W F B Y T I G N Y
G L E D E L I G S O G T V E
W K A K E Y X J V W X R I N
F V O J P G O O I Y C O T L
F E I R I N G W S K M E A Y
Ø N I W T Y A S D A A V S X
D N V O J E V P O L N X J S
T E Z S D Z E M M E X G O L
E R B E Z N M I I N T K N G
J A V B Z W Å R N D T X E M
H G K D V G R Y N E M I R M
V P A R T I I A E R A P D E
Z M F G L A D F R U N G B Q
```

GLEDELIG	UNG
VENNER	FØDT
ÅR	PARTI
KALENDER	KAKE
SANG	MINNER
FEIRING	GAVE
DAG	VISDOM
SPESIELL	KORT
GLAD	TID
INVITASJONER	LYS

46 - Baile

```
K L A S S I S K V R Ø Z A I
K C Q U B Y A Q G O V V K E
K V I S U E L L M Z I K A S
Z P K Y E K V W H K N U D A
M M U S I K K E S O G N E M
F Ø L E L S E J G R H S M B
N N T Z M D F B X E O T I O
Y X U B N Z W V J O L S L E
E C R Y T M E O O G D S R R
G L E D E L I G D R N J E G
K W L K R O P P G A I W L N
U O L K G H T F Q F N I H Å
H O P P E P E G M I G S G D
Y A C R Q K M K U L T U R E
```

AKADEMI	ØVING
GLEDELIG	NÅDE
KUNST	BEVEGELSE
KLASSISK	MUSIKK
KOREOGRAFI	HOLDNING
KROPP	RYTME
KULTUR	HOPPE
KULTURELL	SAMBOER
FØLELSE	VISUELL

47 - Matemáticas

```
R  B  F  R  A  D  I  U  S  B  G  T  P  L
B  R  Ø  K  D  E  L  D  T  R  B  O  A  B
V  I  N  K  L  E  R  H  M  P  D  R  R  V
Z  O  R  D  I  V  I  S  J  O  N  G  A  W
M  S  E  S  I  W  Y  F  C  L  S  E  L  C
K  C  K  V  U  A  W  Æ  Y  Y  Y  T  L  A
G  F  T  O  D  M  M  R  U  G  M  N  E  Y
E  T  A  L  L  D  H  E  J  O  M  Y  L  X
O  R  N  U  D  D  T  I  T  N  E  S  L  S
M  E  G  M  A  R  I  T  M  E  T  I  K  K
E  K  E  O  M  K  R  E  T  S  R  F  I  O
T  A  L  I  G  N  I  N  G  M  I  Q  V  F
R  N  E  K  S  P  O  N  E  N  T  Y  E  F
I  T  G  P  D  E  S  I  M  A  L  L  V  L
```

ARITMETIKK	BRØKDEL
VINKLER	GEOMETRI
OMKRETS	PARALLELL
TORGET	POLYGON
DESIMAL	RADIUS
DIAMETER	REKTANGEL
DIVISJON	SYMMETRI
LIGNING	SUM
SFÆRE	TREKANT
EKSPONENT	VOLUM

48 - Restaurante #1

```
D I N G R E D I E N S E R T
D E K A S S E R E R J A V A
A W S S A U S B O L L E B L
B K G S E R V I E T T U R L
K A F F E T V K J Ø T T E E
B V K B G R L Y J I Q V S R
H Z S M W R T L N K E M E K
C O E A T M Y L G N B P R E
D K R T L O E I T I Y O V N
X H V E W L N N D V C G A M
C U I G L F E G Y S C A S D
M R T U V K B R Ø D A P J M
K J Ø K K E N H G U I N O Z
B K R Y D R E T P I V C N A
```

ALLERGI   BRØD
KAFFE   KRYDRET
KASSERER   TALLERKEN
SERVITØR   KYLLING
KJØTT   DESSERT
KJØKKEN   RESERVASJON
MAT   SAUS
KNIV   SERVIETT
INGREDIENSER   BOLLE
MENY

49 - Profesiones #2

```
B  T  B  W  C  E  F  J  K  O  H  I  Z  V
I  A  I  K  Q  D  I  O  I  V  S  E  O  T
B  N  O  P  U  G  L  U  R  W  U  L  O  O
L  N  L  I  V  F  O  R  U  S  L  D  L  P
I  L  O  L  Z  O  S  N  R  K  K  D  O  P
O  E  G  O  W  T  O  A  G  O  F  E  G  F
T  G  P  T  C  O  F  L  E  G  E  T  R  I
E  E  L  I  N  G  V  I  S  T  E  E  M  N
K  T  A  Y  N  R  X  S  T  P  S  K  O  N
A  A  M  L  P  A  L  T  B  M  B  T  Q  E
R  Y  B  H  Æ  F  I  N  G  E  N  I  Ø  R
P  N  I  G  A  R  T  N  E  R  P  V  H  P
I  O  J  S  Q  Y  E  B  C  K  D  N  U  Y
P  M  A  L  E  R  B  R  V  Z  I  N  E  M
```

BIBLIOTEKAR	FORSKER
BIOLOG	GARTNER
KIRURG	LINGVIST
TANNLEGE	LEGE
DETEKTIV	JOURNALIST
FILOSOF	PILOT
FOTOGRAF	MALER
INGENIØR	LÆRER
OPPFINNER	ZOOLOG

50 - Senderismo

```
K V N A V C M S T Ø V L E R
L F A A L X J T F T K A U T
I L D N T Q N E Q R U P H R
M Y G G N U V I L L O N W Ø
A V M O C S R N P N R P G T
T K K A R T W E C W I Q Q T
O L K P O D Y R R W E G T M
P I C A M P I N G L N H S L
P P A R K E R O I A T Z C J
M P F O R B E R E D E L S E
Ø E J T N J Q Q S K R K O P
T D E H F J A X J R I S L B
E R L H Z G O D J I N F Y V
P N L U H X D K E R G I G X
```

KLIPPE	MYGG
VANN	NATUR
DYR	ORIENTERING
STØVLER	PARKER
CAMPING	TUNG
TRØTT	STEINER
KLIMA	FORBEREDELSE
TOPPMØTE	VILL
KART	SOL
FJELL	

51 - Naturaleza

```
M Y B S Ø V I K T I G J I F
F G I K R O L I G S V G S R
L R S J K W P X C K O Y B E
S S N Ø E X T A S O W P R D
F L Y N N J O Y U G J E E E
P D Y N A M I S K H R I R L
L P B H P D Y R M R Q M O I
S B I E R L Ø V V E R K S G
E L V T R O P I S K G J J K
M Q W N Å K G L U K L C O L
T D G B Y K B L J U Y A N R
Y S E E X A E F B I M E G Z
A R K T I S K Y U G Z U R G
V X U H E L L I G D O M J X
```

BIER
DYR
ARKTISK
SKJØNNHET
SKOG
ØRKEN
DYNAMISK
EROSJON
LØVVERK
ISBRE

TÅKE
SKYER
FREDELIG
LY
ELV
VILL
HELLIGDOM
ROLIG
TROPISK
VIKTIG

52 - Conduciendo

```
B  L  W  Q  T  I  M  G  D  P  F  T  K  B
O  I  L  V  Y  R  V  B  V  O  O  R  H  S
G  S  S  I  K  K  E  R  H  E  T  A  A  R
X  E  L  T  U  N  N  E  L  B  G  N  S  V
N  N  G  B  B  K  U  M  L  R  J  S  T  Q
M  S  A  C  I  V  L  S  G  E  E  P  I  Z
O  J  R  M  T  L  Y  E  A  N  N  O  G  E
T  R  A  F  I  K  K  R  T  S  G  R  H  M
O  C  S  Q  U  A  K  L  E  E  E  T  E  P
R  N  J  F  A  R  E  C  R  L  R  B  T  O
L  Z  E  W  N  T  L  A  S  T  E  B  I  L
M  O  T  O  R  S  Y  K  K  E  L  N  X  I
G  A  S  S  O  S  H  E  T  E  X  U  L  T
P  Q  R  J  H  U  Q  X  U  E  Q  X  Q  I
```

ULYKKE	MOTORSYKKEL
GATE	MOTOR
LASTEBIL	FOTGJENGER
BIL	FARE
BRENSEL	POLITI
BREMSER	SIKKERHET
GARASJE	TRANSPORT
GASS	TRAFIKK
LISENS	TUNNEL
KART	HASTIGHET

53 - Ballet

```
L  V  S  P  Q  R  M  K  J  C  P  I  F  U
B  C  A  A  V  X  U  U  Ø  Z  U  K  E  T
M  N  B  J  O  B  S  N  V  F  B  I  R  T
U  R  T  P  R  A  K  S  I  S  L  N  D  R
S  T  I  L  K  L  L  T  N  Q  I  T  I  Y
I  P  P  O  E  L  E  N  G  L  K  E  G  K
K  D  A  N  S  E  R  E  I  E  U  N  H  K
K  O  O  S  T  R  B  R  R  K  M  S  E  S
L  G  X  Z  E  I  P  I  Y  S  G  I  T  F
P  P  Z  I  R  N  S  S  T  J  G  T  C  U
P  K  H  I  I  A  H  K  M  O  T  E  P  L
A  P  P  L  A  U  S  J  E  N  F  T  S  L
K  O  M  P  O  N  I  S  T  E  I  V  K  T
O  A  D  K  O  R  E  O  G  R  A  F  I  O
```

APPLAUS

KUNSTNERISK

PUBLIKUM

BALLERINA

DANSERE

KOMPONIST

KOREOGRAFI

ØVING

STIL

UTTRYKKSFULL

GEST

FERDIGHET

INTENSITET

LEKSJONER

MUSKLER

MUSIKK

ORKESTER

PRAKSIS

RYTME

54 - Aventura

```
A  A  Z  M  Y  H  L  E  S  N  Q  Z  I  P
U  T  F  L  U  K  T  D  K  P  A  B  T  M
D  E  S  T  I  N  A  S  J  O  N  T  P  F
N  G  L  E  D  E  Q  J  Ø  A  E  Y  U  O
U  A  Y  U  I  I  O  A  N  K  N  Y  V  R
H  E  V  W  X  H  H  N  N  T  T  F  A  B
R  C  E  I  E  B  U  S  H  I  U  F  N  E
E  I  N  D  G  A  O  E  E  V  S  A  L  R
Y  D  N  A  V  A  I  D  T  I  I  R  I  E
S  U  E  U  A  I  S  V  M  T  A  L  G  D
Q  J  R  S  W  A  G  J  C  E  S  I  W  E
R  L  R  E  I  S  E  R  O  T  M  G  O  L
S  I  K  K  E  R  H  E  T  N  E  T  T  S
H  V  A  N  S  K  E  L  I  G  H  E  T  E
```

AKTIVITET	NATUR
GLEDE	NAVIGASJON
VENNER	NY
SKJØNNHET	SJANSE
DESTINASJON	FARLIG
VANSKELIGHET	FORBEREDELSE
ENTUSIASME	SIKKERHET
UTFLUKT	REISER
UVANLIG	

55 - Pájaros

```
S V A N E N I V X H G A S D
T J G M T C P B X Y X Ø T U
O K P A P E G Ø Y E K P R E
R Y D N I M P E I S R I U N
K L G D N G T A T B Å N T H
M L F L A M I N G O K G S A
J I T P U X L H J Å E V P U
I N K H E G R E Ø O S I U K
I G D F H L P S K H G N R D
E J M Å K E I D Q C N W V F
D I W X J G M K T O U C A N
L Y H E Z G W E A R N K S V
B S T K J Z O H X N X U Z Q
G Z A Z A T Y P C Z L Q P D
```

STRUTS	SPURV
ØRN	HAUK
STORK	EGG
SVANEN	PAPEGØYE
GJØK	DUE
KRÅKE	AND
FLAMINGO	PELIKAN
GÅS	PINGVIN
HEGRE	KYLLING
MÅKE	TOUCAN

56 - Surf

```
H A T R S B S T R A N D S F
M A J R M G K T J U Q A T U
O Q V D I S U S I W S N Y E
R M Z G H N M R H L Q Y R K
O N Y B E G Y N N E R S K S
B F M A G E U K F A T L E T
Ø E J V B P T L V E X N Q R
L S S U T A O U N W H U V E
G F M T R D W P J S W V M M
E M R B C L M N U G X Q X V
K M E S T E R K K L V L J X
U J V K E F M M R L Æ H K C
H A S T I G H E T T R R Q F
F O L K E M E N G D E R C U
```

REV	STYRKE
ATLET	FOLKEMENGDER
MESTER	HAV
VÆR	BØLGE
MORO	STRAND
SKUM	POPULÆR
STIL	NYBEGYNNER
MAGE	PADLE
EKSTREM	HASTIGHET

57 - Geografía

```
H A L V K U L E V O R K M B
Ø A T L A S E M F E K O E R
Y P V U V X N E A Q S N R E
D B Y Y E I G L F X Z T I D
E E S Ø R X D V J B B I D D
L A N D D U E J E V G N I E
N O R D E N G H L N I E A G
L E E Q N K R Q L K E N N R
H W G G M M A Ø Y I P T T A
Z N I E P F D R A I S A K D
P G O Q N P P T T Y C X O S
A V N T E R R I T O R I U M
Y N B X D X F S P L Q Y E A
Q N W K E Y D L F T B T E H
```

HØYDE	MERIDIAN
ATLAS	FJELL
BY	VERDEN
KONTINENT	NORD
HALVKULE	VEST
ØY	LAND
BREDDEGRAD	REGION
LENGDEGRAD	ELV
KART	SØR
HAV	TERRITORIUM

58 - Deportes

```
S T E N N I S G P S S Z W D
B P H B D D I O L P P H B I
A P I V K O X L I I I M H T
S G L L I U M F A T L E T W
K O P X L L Y M Q R L F J O
E P H L F B E V E G E L S E
T S T A D I O N D R R N D H
B J M E S T E R S K A P T O
A V I N N E R T E A M D W C
L B B A S E B A L L R Y T K
L T R E N E R Y C Q R D P E
G Y M N A S T I K K S A L Y
S Y K K E L N O O Y J U O L
J O O G Y M N A S T I K K N
```

ATLET	VINNER
DOMMER	GYMNASTIKK
BASKETBALL	GYMNASTIKKSAL
BASEBALL	GOLF
SYKKEL	HOCKEY
MESTERSKAP	SPILL
TRENER	SPILLER
TEAM	BEVEGELSE
STADION	TENNIS

59 - Actividades

```
F O T O G R A F E R I N G S
M A L E R I A C U D B N E P
K M H K S T R I K K I N G I
I R Å U N O X Q J G W E K L
J T N N I Q V N V G X W V L
G B D S N M K E R A M I K K
F L V T H A G E A R B E I D
Q V E G Y G F R I T I D O S
N T R D A I F O T T U R E R
F U K L E F E R D I G H E T
O P N J I N T E R E S S E R
I A A A K T I V I T E T Y L
F I S K E Z L E S I N G T X
I Q N T A V S L A P N I N G
```

AKTIVITET
KUNST
HÅNDVERK
JAKT
KERAMIKK
SY
FOTOGRAFERING
FERDIGHET
INTERESSER
HAGEARBEID

SPILL
LESING
MAGI
FRITID
FISKE
MALERI
GLEDE
AVSLAPNING
FOTTURER
STRIKKING

60 - Verduras

```
X O T P O T E T O M A T O S
C H Q G U L R O T R C P A O
V E T O K Ø I N B K V X V P
S A L A T K H V I T L Ø K P
Q E J B Q V D W E Z W D L R
T O L K E H V H C N E P E E
K N Z L I N G E F Æ R I R C
A I E R E A U B E R G I N E
E G A J O R G R E S S K A R
Y M U K N M I R E D D I K T
P R B R O K K O L I P P D S
U A W A K P E R S I L L E V
V Q O B W Y S P I N A T G O
A R T I S J O K K O O C Q O
```

HVITLØK   INGEFÆR
ARTISJOKK   NEPE
SELLERI   OLIVEN
AUBERGINE   POTET
BROKKOLI   AGURK
GRESSKAR   PERSILLE
LØK   REDDIK
SALAT   SOPP
SPINAT   TOMAT
ERT   GULROT

61 - Instrumentos Musicales

```
P  A  Z  V  G  E  R  M  J  L  F  B  T  G
W  I  P  Z  F  I  O  L  I  N  A  A  A  O
F  H  A  R  P  E  T  M  T  P  G  N  M  N
A  B  S  N  W  P  T  A  K  E  O  J  B  G
Y  U  D  X  O  K  R  R  R  R  T  O  U  K
T  R  O  M  M  E  O  I  F  K  T  M  R  L
T  D  F  Y  L  G  M  M  L  U  R  U  I  A
R  V  D  B  K  W  P  B  Ø  S  N  N  N  R
O  V  S  C  X  V  E  A  Y  J  X  N  M  I
M  T  O  O  L  J  T  M  T  O  C  S  O  N
B  S  K  X  B  T  Q  H  E  N  E  P  D  E
O  A  T  O  Q  O  R  I  C  S  L  I  V  T
N  R  M  A  N  D  O  L  I  N  L  L  X  T
E  S  A  K  S  O  F  O  N  K  O  L  A  P
```

MUNNSPILL	OBO
HARPE	TAMBURIN
BANJO	PERKUSJON
KLARINETT	PIANO
FAGOTT	SAKSOFON
FLØYTE	TROMME
GONG	TROMBONE
GITAR	TROMPET
MANDOLIN	FIOLIN
MARIMBA	CELLO

62 - Escalada

```
T P B U S M A L H Ø Y D E T
R S Y H T T D B E U G A P E
E R O A A X Ø K L K L T E R
N O F N B T D V D N X E K R
I Z T S I S P U L D C U S E
N C M K L L T J Q E J H P N
G J Q E I X W Y Q D R J E G
I K A R T B O A R B O E R K
R S K O E Y V N L K X L T R
P R Q J T F V G C M E M J C
A T M O S F Æ R E P Q B T L
F O T T U R E R F Y S I S K
N Y S G J E R R I G H E T W
C S K A D E C C T L K H Y E
```

HØYDE	FYSISK
ATMOSFÆRE	TRENING
STØVLER	STYRKE
HJELM	HANSKER
HULE	SKADE
NYSGJERRIGHET	KART
STABILITET	FOTTURER
SMAL	TERRENG
EKSPERT	

63 - Mascotas

```
K  P  U  N  U  Y  A  A  Q  Y  F  B  S  O
T  U  K  W  X  F  Z  K  A  T  T  Å  E  C
H  K  L  L  C  Y  D  K  A  N  I  N  S  P
H  N  Ø  K  M  S  S  A  R  Y  X  D  K  A
S  A  R  P  F  A  F  T  P  A  J  H  I  P
O  M  M  X  B  U  T  T  L  W  G  R  L  E
Q  F  I  S  K  M  M  U  N  G  E  E  P  G
F  C  I  H  T  K  U  N  I  X  I  P  A  Ø
H  B  W  U  F  E  S  G  M  K  T  O  D  Y
J  A  D  N  R  G  R  E  V  A  N  N  D  E
Q  A  L  D  M  L  G  J  A  Ø  G  L  E  J
U  O  S  E  A  T  R  U  L  K  Y  B  C  H
H  W  K  R  T  X  B  A  P  I  H  I  A  Y
W  Z  S  V  E  T  E  R  I  N  Æ  R  E  F
```

VANN	KATT
GEIT	HAMSTER
VALP	ØGLE
HALE	PAPEGØYE
KRAGE	HUND
MAT	FISK
KANIN	MUS
BÅND	SKILPADDE
KLØR	KU
KATTUNGE	VETERINÆR

64 - Formas

```
S  Q  V  U  L  H  E  W  B  O  X  B  P  P
I  I  T  A  P  V  Y  N  Z  V  E  J  O  Y
D  U  R  N  B  S  S  P  Z  A  K  S  L  R
E  T  E  K  U  M  Y  N  E  L  V  J  Y  A
U  M  K  J  E  G  L  E  K  R  I  T  G  M
D  K  T  E  I  L  I  G  A  H  B  T  O  I
Z  U  A  W  X  H  N  W  N  A  L  O  N  D
L  B  N  V  C  X  D  E  T  P  F  R  L  E
I  E  G  N  P  E  L  E  F  O  G  U  A
N  X  E  Y  F  B  R  L  R  N  Y  E  Y  Q
J  V  L  G  W  X  J  I  W  C  S  T  U  Q
E  H  J  Ø  R  N  E  P  S  F  Æ  R  E  J
T  R  E  K  A  N  T  S  R  M  K  Z  A  Z
X  K  R  K  U  R  V  E  Q  E  E  N  Z  S
```

BUE	HJØRNE
KANTER	HYPERBOLA
SYLINDER	SIDE
SIRKEL	LINJE
KJEGLE	OVAL
TORGET	PYRAMIDE
KUBE	POLYGON
KURVE	PRISME
ELLIPSE	REKTANGEL
SFÆRE	TREKANT

65 - Flores

```
L I L L A W P C R S X T V B
K R P V V D Å A J J L U A F
X G D D E N S G P A Ø L L H
B M M K U J K O L S V I M L
Z F U Y Q K E R Z M E P U W
L M A G N O L I A I T A E S
E I R O S E I Ø U N A N P O
B E L X U Z L A V E N D E L
U C Z J R I J H O E N D O S
K R Z X E B E U U R R L N I
E T U S E N F R Y D K N A K
T K R O N B L A D O D I R K
T H I B I S K U S D Q T D E
G A R D E N I A E Y K S T É
```

VALMUE
LØVETANN
GARDENIA
SOLSIKKE
HIBISKUS
SJASMIN
LAVENDEL
LILLA
LILJE
MAGNOLIA

TUSENFRYD
PÅSKELILJE
ORKIDÉ
PEON
KRONBLAD
BUKETT
ROSE
KLØVER
TULIPAN

66 - Astronomía

```
O K O N S T E L L A S J O N
E B G F O R M Ø R K E L S E
Q L S A S T R O N A U T M V
U A Q E L T E L E S K O P Z
I R Q K R A S T E R O I D E
N A K P B V X H L T S K U P
O K S N G E A Y H Q T O N F
X E D T Y M P T N E R S I A
B T V I R J L L O Y Å M V J
V T B E X O A W W R L O E M
T S U P E R N O V A I S R Å
O M E P G D E O D X N U S N
X F E X F F T H M V G T M E
H Q H I M M E L M E T E O R
```

ASTEROIDE
ASTRONAUT
ASTRONOM
HIMMEL
RAKETT
KONSTELLASJON
KOSMOS
FORMØRKELSE
EQUINOX
GALAXY

MÅNE
METEOR
OBSERVATORIUM
PLANET
STRÅLING
SUPERNOVA
TELESKOP
JORD
UNIVERS

67 - Tiempo

```
H  Ø  K  E  P  A  L  Y  Q  J  F  K  R  E
M  J  Y  A  M  I  N  U  T  T  L  L  U  W
I  C  M  E  L  C  N  F  I  D  W  O  V  N
D  J  Å  T  B  E  G  G  R  Y  C  K  A  Å
D  O  N  P  B  L  N  Z  V  E  Y  K  W  U
A  M  E  K  M  Y  I  D  T  I  M  E  D  G
G  E  D  N  A  T  T  K  E  G  P  T  Y  P
S  R  A  Å  R  L  I  G  K  R  R  P  I  G
T  P  G  T  G  P  R  Å  R  C  L  E  D  D
I  G  Å  R  A  U  T  I  Å  R  L  J  A  Q
D  T  S  Y  R  K  Z  W  H  W  F  M  G  Q
B  R  U  S  B  E  T  F  D  Y  Ø  S  N  X
Å  R  H  U  N  D  R  E  M  O  R  G  E  N
N  Y  J  D  S  D  B  Q  C  E  O  S  T  Q
```

NÅ	I DAG
FØR	MORGEN
ÅRLIG	MIDDAGSTID
ÅR	MÅNED
I GÅR	MINUTT
KALENDER	ØYEBLIKK
TIÅR	NATT
DAG	KLOKKE
FREMTID	UKE
TIME	ÅRHUNDRE

68 - Paisajes

```
S  S  D  K  C  D  J  U  I  Q  I  K  I  B
Q  T  N  N  P  P  S  W  S  D  O  I  N  E
K  R  S  H  A  V  A  Q  B  H  A  K  N  X
L  A  G  U  N  E  L  V  R  A  S  L  S  F
H  N  E  L  M  R  S  V  E  S  E  F  J  X
A  D  Y  E  T  P  F  J  E  L  L  H  Ø  X
L  T  S  V  U  L  K  A  N  Z  T  B  I  H
V  Y  I  X  N  J  Z  D  Q  U  F  O  S  S
Ø  X  R  I  D  P  A  E  O  X  S  B  F  F
Y  V  F  U  R  I  R  S  X  T  C  H  J  Q
R  E  L  X  A  H  O  E  T  Ø  R  K  E  N
T  S  S  K  C  B  M  C  V  N  Y  X  L  W
Z  C  D  U  H  X  P  G  N  Q  Y  M  L  N
E  L  V  E  M  U  N  N  I  N  G  E  N  Q
```

FOSS	HAV
HULE	FJELL
ØRKEN	OASE
ELVEMUNNINGEN	SUMP
GEYSIR	HALVØY
ISBRE	STRAND
ISFJELL	ELV
ØY	TUNDRA
INNSJØ	DAL
LAGUNE	VULKAN

69 - Días y Meses

```
T S M N L W E B F J A C P L
O S E J O K J N E U U K E N
R L D P K F U C B N G L V O
S X H Q T R O D R I U Ø I V
D N R C O E X P U D S R S E
A P Y S B D M Q A M T D Ø M
G V K B E A J B R V I A N B
I I V J R G O A E Å R G D E
M Y B Y A M N N N R S H A R
A P R I L Å S G G U D G G B
N K A L E N D E R L A J G L
D T L J G E A N A I G R C Z
A D Z T H D G R K T A J P K
G Q Y D R Q G X T X I X K Q
```

APRIL	MANDAG
AUGUST	TIRSDAG
ÅR	MÅNED
KALENDER	ONSDAG
SØNDAG	NOVEMBER
JANUAR	OKTOBER
FEBRUAR	LØRDAG
TORSDAG	UKE
JULI	SEPTEMBER
JUNI	FREDAG

70 - Chocolate

```
W E P B C R L B I T T E R A
G O C L O G C B G S P K S N
K A L O R I E R K U E S R T
D K K H E R V X J K A O A I
E A A C M S M A K K N T K O
I R K C A P F D E Ø I O K
L A A P X N Q W A R T S K S
I M O K V A L I T E T K O I
G E Z I N G R E D I E N S D
C L M V Q N G O G O R Q N A
T L B V K L S K M R Q C Ø N
S F A V O R I T T A E N T T
I Ø O W O P P S K R I F T M
T Q T A R T I S A N A L X U
```

BITTER
ANTIOKSIDANT
AROMA
ARTISANAL
SUKKER
PEANØTTER
KAKAO
KVALITET
KALORIER

KARAMELL
KOKOSNØTT
DEILIG
SØT
EKSOTISK
FAVORITT
SMAK
INGREDIENS
OPPSKRIFT

71 - Barbacoas

```
G  R  Ø  N  N  S  A  K  E  R  E  M  Z  T
E  K  F  X  L  Q  Z  F  K  B  S  U  H  K
L  C  G  N  K  M  I  D  D  A  G  S  W  Y
S  L  P  G  D  N  C  C  N  R  Z  I  T  L
A  Ø  U  E  R  V  K  N  E  N  T  K  V  L
U  K  X  N  P  I  H  Y  M  A  O  K  A  I
S  U  L  T  S  P  L  S  O  M  M  E  R  N
A  T  R  G  F  J  E  L  P  K  A  F  M  G
L  R  R  V  K  Z  J  R  E  F  T  A  T  S
T  Y  H  S  A  L  A  T  E  R  E  M  P  L
W  I  Q  P  O  Q  Y  T  H  U  R  I  U  F
D  K  N  I  V  E  R  O  O  K  F  L  O  E
L  I  W  L  Z  H  B  H  X  T  Y  I  K  P
A  M  L  L  E  Q  Q  C  H  O  G  E  M  C
```

LUNSJ	MUSIKK
VARMT	BARN
LØK	GRILLE
MIDDAG	PEPPER
KNIVER	KYLLING
SALATER	SALT
FAMILIE	SAUS
FRUKT	TOMATER
SULT	SOMMER
SPILL	GRØNNSAKER

72 - Ropa

```
G E N S E R B R T T E J Z H
D F D K F G E L P L E H P A
G F R O C O L F U B R A Y T
J O S A V F T H M S L L J T
M H W S K J E R F R E S A S
A V T H G K K J O L E K M M
J A K K E B U K S E S J A Y
T R I P W N V W K P A E S K
V M F G V P R F J B N D K K
T B M O T E B N O U D E J E
S Å Z L R M B Q R E A T Ø R
R N Q L A K M T T Y L F R H
N D H G S S L Q E R E T T T
H A N S K E R E P Q R Q M N
```

FRAKK	SMYKKER
BLUSE	MOTE
SKJERF	BUKSE
SKJORTE	PYJAMAS
JAKKE	ARMBÅND
BELTE	SANDALER
HALSKJEDE	HATT
FORKLE	GENSER
SKJØRT	KJOLE
HANSKER	SKO

73 - Meditación

```
O  T  A  K  K  N  E  M  L  I  G  H  E  T
N  B  R  M  U  S  I  K  K  V  M  O  B  F
A  T  S  O  Z  J  N  F  U  K  E  L  E  R
T  A  K  E  L  C  Q  Ø  F  L  N  D  V  E
U  P  V  M  R  I  D  L  V  A  T  N  E  D
R  J  E  W  O  V  G  E  Q  R  A  I  G  T
N  M  K  R  J  L  A  L  I  H  L  N  E  A
G  N  M  I  S  P  U  S  T  E  C  G  L  N
Y  J  K  F  B  P  R  E  J  T  M  D  S  K
A  K  S  E  P  T  E  R  K  O  X  L  E  E
S  O  I  B  U  G  F  K  I  F  N  F  J  R
S  Y  N  L  Q  T  P  P  T  L  Z  N  U  Z
A  A  N  Y  V  E  N  N  L  I  G  H  E  T
M  E  D  F  Ø  L  E  L  S  E  V  T  O  Q
```

AKSEPT	BEVEGELSE
VENNLIGHET	MUSIKK
ROLIG	NATUR
KLARHET	OBSERVASJON
MEDFØLELSE	FRED
FØLELSER	TANKER
TAKKNEMLIGHET	PERSPEKTIV
MENTAL	HOLDNING
SINN	PUSTE

74 - Libros

```
F  P  O  M  R  D  R  Y  T  L  A  B  H  S
H  O  R  P  Q  W  P  D  S  E  K  M  U  A
I  E  R  P  P  S  I  D  E  S  T  I  M  M
S  S  N  F  R  F  K  R  R  E  U  L  O  L
T  I  V  X  A  Z  I  R  I  R  E  C  R  I
O  B  L  W  T  T  U  N  E  O  L  N  I  N
R  D  I  C  J  Y  T  W  N  V  L  L  S  G
I  B  T  D  D  H  B  E  S  S  E  J  T  E
E  Q  T  I  A  S  W  R  R  W  O  T  I  F
K  M  E  K  O  N  T  E  K  S  T  M  S  L
F  O  R  T  E  L  L  E  R  B  E  P  K  N
E  Y  Æ  H  I  S  T  O  R  I  S  K  H  U
P  Z  R  O  M  A  N  E  V  E  N  T  Y  R
D  U  A  L  I  T  E  T  R  A  G  I  S  K
```

FORFATTER	LESER
EVENTYR	LITTERÆR
SAMLING	FORTELLER
KONTEKST	ROMAN
DUALITET	SIDE
SKREVET	AKTUELL
HISTORIE	DIKT
HISTORISK	POESI
HUMORISTISK	SERIE
OPPFINNSOM	TRAGISK

75 - Nutrición

```
V E K T S P I S E L I G D S
K A R X H B Z F B G A P Z U
A P N M K A L O R I E R L N
R P L E Z L N R W F T O A N
B E V V R A D D S T W T H Z
O T P N C N K Ø D U L E E V
H I E I X S V Y L C R I L R
Y T T Q V E A E N Z Q N S R
D T E R T R L L G J A E E Y
R S M A K T I S A U S R U N
A A M M Y N T E D I E T T J
T V V N U M E G J Æ R I N G
E Y O V V I T A M I N U W B
R N Æ R I N G S S T O F F Z
```

BITTER	VANER
APPETITT	NÆRINGSSTOFF
KVALITET	VEKT
KALORIER	PROTEINER
KARBOHYDRATER	SMAK
SPISELIG	SAUS
DIETT	HELSE
FORDØYELSE	SUNN
BALANSERT	GIFT
GJÆRING	VITAMIN

76 - Edificios

```
C  B  R  W  D  D  H  O  B  A  T  K  K  S
V  C  W  M  L  O  E  D  Y  L  Å  V  E  U
S  K  O  L  E  B  R  V  U  D  R  E  B  P
T  I  H  A  I  S  B  C  A  M  N  S  M  E
A  N  O  B  L  E  E  I  I  I  Q  T  S  R
D  O  T  O  I  R  R  H  G  S  F  E  L  M
I  A  E  R  G  V  G  T  P  Z  F  A  O  A
O  G  L  A  H  A  E  Å  R  P  K  T  T  N
N  A  L  T  E  T  V  G  R  F  Z  E  T  K
A  R  K  O  T  O  N  R  J  D  J  R  Q  E
M  A  S  R  R  R  F  A  B  R  I  K  K  D
R  S  O  I  Z  I  S  Y  K  E  H  U  S  C
S  J  S  U  M  U  S  E  U  M  Q  V  F  J
B  E  G  M  A  M  B  A  S  S  A  D  E  M
```

HERBERGE	GÅRD
LEILIGHET	SYKEHUS
SLOTT	HOTELL
KINO	LABORATORIUM
AMBASSADE	MUSEUM
SKOLE	OBSERVATORIUM
STADION	SUPERMARKED
FABRIKK	TEATER
GARASJE	TÅRN
LÅVE	

77 - Océano

```
S A K S K Y W P I O I R P L
H A I L R O O B B P O A J P
D E L F I N R E K E Y X D N
J Ø S T E R S A K R A B B E
T U T U X K P A L I L Å L I
U W O N U J B Å U L G T E X
Y H R F I S K L E A E I K Y
C S M I P Q S X O O R D K O
R E V S E B M F D K W E S E
G A F K V D M Z O X D V P K
M X H H V A L N B D D A R S
M A N E T S M G A H G N U P
R G S P H V I P O X F N T K
S K I L P A D D E E G P Z F
```

ALGER	SVAMP
ÅL	TIDEVANN
REV	MANET
TUNFISK	ØSTERS
HVAL	FISK
BÅT	BLEKKSPRUT
REKE	SALT
KRABBE	HAI
KORALL	STORM
DELFIN	SKILPADDE

78 - Ciudad

```
R  J  U  D  Y  M  B  B  B  J  Y  F  H  F
E  B  X  Q  G  Y  A  I  O  T  Q  E  H  M
S  T  A  D  I  O  N  B  K  K  M  W  O  A
T  E  S  D  B  G  K  L  H  R  F  U  T  R
A  A  J  Y  H  X  J  I  A  P  O  T  E  K
U  T  B  R  M  W  G  O  N  S  K  O  L  E
R  E  A  E  U  P  D  T  D  O  V  B  L  D
A  R  K  H  S  P  D  E  E  J  H  U  R  H
N  P  E  A  E  O  U  K  L  G  P  T  Q  W
T  B  R  G  U  G  A  L  L  E  R  I  C  W
B  E  I  E  M  K  L  I  N  I  K  K  S  C
U  N  I  V  E  R  S  I  T  E  T  K  T  I
S  U  P  E  R  M  A  R  K  E  D  N  O  K
A  T  F  L  Y  P  L  A  S  S  E  N  S  J
```

FLYPLASSEN	BOKHANDEL
BANK	MARKED
BIBLIOTEK	MUSEUM
KINO	BAKERI
KLINIKK	RESTAURANT
SKOLE	SUPERMARKED
STADION	TEATER
APOTEK	BUTIKK
GALLERI	UNIVERSITET
HOTELL	DYREHAGE

79 - Conservación

```
G R M L N B Z Z I Q Z W A U
R E I U B Æ X Q H C A S F A
Ø S L F O R U R E N S I N G
N I J N R E H Q L H S O K Ø
N R Ø A E K O F S X Y Y L K
J K D T D R O D E P K S I O
T U N U U A Z R V R L V M S
X L E R S F D M G H U A A Y
N E K L E T B J P A S N B S
Q R N I R I H Q N B N N J T
G E Y G E G V B E I N I C E
U T D A N N I N G T A I S M
E N D R I N G E R A R H R K
B E K Y M R I N G T E S D Z
```

VANN
MILJØ
ENDRINGER
SYKLUS
KLIMA
FORURENSING
ØKOSYSTEM
UTDANNING
HABITAT

NATURLIG
ORGANISK
BEKYMRING
RESIRKULERE
REDUSERE
HELSE
BÆREKRAFTIG
GRØNN

80 - Exploración

```
F A R E F U L L K Z V U N P
Z B B D X V A A U P F T M M
E A E B P N V K L D D M P M
O P O S A W U T T D L A O T
V I V U L C O I U U L T C T
V T R E M U R V R X J T E I
T S O G J R T I E F J E R N
O Y M D Y R U T R V I L L Y
S P R Å K K K E S L L S Z D
Z R P H O H J T T O V E A M
O P P D A G E L S E M R L L
S T E R R E N G M P C H T G
R E I S E A T X Y E U F E G
T B N O N O G F K Y I P U T
```

AKTIVITET	FJERN
UTMATTELSE	ROM
DYR	SPRÅK
OPPDRAG	NY
MOT	FAREFULL
KULTURER	VILL
UKJENT	TERRENG
OPPDAGELSE	REISE
BESLUTTSOMHET	

81 - Campeonato

```
N P C K F Q C A W R S M M T
K D Ø M M E F S J J T J E U
M E S T E R F U S G R Z S R
O U C G H M I V J W A T T N
M O T I V A S J O N T V E E
R Y D H R U X M T F E F R R
S G S M O T L W E O G I S I
Y P G U S L H T E D I N K N
T T I A G I D R F A A A A G
E B I L F G T E Q E R L P V
L X I U L A C N N N K I J O
S P O R T L W E W H G S G E
E S V E T T E R I U E T H S
T E A M S E I E R U R T C D
```

MESTERSKAP
MESTER
SPORT
TRENER
TEAM
STRATEGI
FINALIST
SPILL
DØMME

LIGA
MEDALJE
MOTIVASJON
YTELSE
UTHOLDENHET
TURNERING
SVETTE
SEIER

82 - Actividades y Ocio

```
S F A R G X A W X S C H B F
S H F G E X F V R U A H A O
A B O K S I N G Y R M A S T
V B T P A G S M M F P G E T
S A B S P F K E A I I E B U
L S A V M I U T L N N A A R
A K L Ø L S N Z E G G R L E
P E L M X K S G R N Z B L R
P T W M D E T J I M N E E U
E B H I O X W D Y K K I N G
N A X N O Z C Q D O P D S O
D L L G V O L L E Y B A L L
E L O Z Y N M R H A W K S F
H K O K G G E O B U T O A L
```

KUNST   SVØMMING
BASKETBALL   FISKE
BASEBALL   MALERI
BOKSING   AVSLAPPENDE
DYKKING   FOTTURER
CAMPING   SURFING
SHOPPING   TENNIS
FOTBALL   REISE
GOLF   VOLLEYBALL
HAGEARBEID

83 - Comida #1

```
J  O  D  H  M  R  D  S  Y  S  M  Z  S  Y
M  F  K  S  V  Q  P  T  D  A  G  F  I  I
V  J  T  T  J  I  R  E  H  L  Q  V  T  X
G  U  L  R  O  T  T  R  H  A  G  E  R  T
T  T  B  Y  S  E  S  L  A  T  R  P  O  U
K  J  Ø  T  T  L  X  U  Ø  L  Ø  K  N  N
J  T  T  J  N  M  E  L  K  K  J  Q  J  F
U  W  B  D  O  E  S  N  O  K  I  P  O  I
I  L  J  K  T  L  A  G  I  S  E  Æ  R  S
C  F  B  A  S  I  L  I  K  U  M  R  D  K
E  I  Y  N  L  C  T  A  Q  P  Y  E  B  S
K  X  G  E  E  V  N  U  H  P  N  X  Æ  P
I  B  G  L  H  P  G  A  R  E  T  J  R  X
S  P  I  N  A  T  E  H  X  U  E  W  O  Z
```

HVITLØK	JORDBÆR
BASILIKUM	JUICE
TUNFISK	MELK
SUKKER	SITRON
KANEL	MYNTE
KJØTT	NEPE
BYGG	PÆRE
LØK	SALT
SALAT	SUPPE
SPINAT	GULROT

84 - Virtudes #1

```
N Y T T I G P R A K T I S K
B E S K J E D E N U K V U E
Z S J A R M E R E N D E W L
I M S E W V M O R S O M N W
P N S F V U F C P T D F Y Q
Å Y T F K V L X T N I N S E
L I D E N S K A P E L I G S
I F I K L Z I G Z R B R J J
T P V T M L O O V I K F E E
E Y V I I S I D J S L Z R N
L H A V N H O G C K O B R E
I P A S I E N T E E K I I R
G F S K U A V H E N G I G Ø
A V G J Ø R E N D E T Q D S
```

LIDENSKAPELIG	MORSOM
KUNSTNERISK	UAVHENGIG
GOD	INTELLIGENT
NYSGJERRIG	REN
AVGJØRENDE	BESKJEDEN
EFFEKTIV	PASIENT
SJARMERENDE	PRAKTISK
PÅLITELIG	KLOK
SJENERØS	NYTTIG

85 - Literatura

```
V Y S T I L J D O W I J O K
B A N E K D O T E E K R D O
N N M E N I N G J I K Z L N
S A M M E N L I G N I N G K
F L T Y P Q T D F P B E B L
S O N F Q Z U G O D Y B H U
U G R Y Q B N Y R I M I J S
L I P F H A M E T A F O R J
D R O M A N S G E L X G Y O
I T E M A T Q W L O J R T N
K N T H X G T E L G B A M H
T F I K T Q H E E S F F E L
N P S S E Y C I R Z K I M Q
Y B K A N A L Y S E L C B H
```

ANALOGI
ANALYSE
ANEKDOTE
FORFATTER
BIOGRAFI
SAMMENLIGNING
KONKLUSJON
DIALOG
STIL

METAFOR
FORTELLER
ROMAN
MENING
DIKT
POETISK
RIM
RYTME
TEMA

86 - Clima

```
S  N  V  Q  H  N  T  E  M  F  I  L  V  R
S  K  Y  C  T  X  U  P  O  L  A  R  G  R
T  Å  K  E  R  Y  J  G  N  O  D  M  X  X
X  E  S  L  O  H  M  M  S  M  O  S  T  W
T  E  H  F  P  T  I  E  U  E  U  Q  D  M
P  C  G  V  I  N  D  M  N  K  E  L  N  J
I  S  K  H  S  T  O  R  M  M  H  T  C  W
C  Y  R  X  K  L  I  M  A  E  T  Ø  R  R
Q  X  L  B  N  Y  C  J  T  S  L  R  Z  Q
U  S  T  O  R  N  A  D  O  O  R  K  A  N
V  U  G  N  F  I  S  W  I  S  R  E  T  L
N  U  K  D  Y  O  S  E  L  Q  G  D  U  Q
A  F  A  T  M  O  S  F  Æ  R  E  B  E  W
T  E  M  P  E  R  A  T  U  R  A  L  D  N
```

ATMOSFÆRE	POLAR
BRIS	LYN
HIMMEL	TØRR
KLIMA	TØRKE
IS	TEMPERATUR
ORKAN	STORM
FLOM	TORNADO
MONSUN	TROPISK
TÅKE	TORDEN
SKY	VIND

87 - Comida #2

```
Y Y R F Q S O L S I K K E A
O B I N G E F Æ R Z R I S U
G D P B V T P P Z D J Z H B
H O Y C S B A N A N E Y I E
U A B E M A N D E L N R Z R
R U W I H E B T G O Z R G G
T W F E M M L O G V D W B I
Z D Z W C K I R S E B Æ R N
S J O K O L A D E T E U Ø E
H V E T E O B C L M O W D E
C N P P V R P T L Y J M J G
Q K Y L L I N G E S L L A Q
K I W I O E K D R U E K Q T
R A E K V A R T I S J O K K
```

ARTISJOKK
MANDEL
SELLERI
RIS
AUBERGINE
KIRSEBÆR
SJOKOLADE
SOLSIKKE
EGG
INGEFÆR

KIWI
EPLE
BRØD
BANAN
KYLLING
OST
TOMAT
HVETE
DRUE
YOGHURT

88 - Castillos

```
I D K A T A P U L T V Z T M
R S V E R D V M Z D N I Å D
A I Y Y K S L R J M R G R A
K H D S E M N Y R X H A N T
O R W D N M G P V I P X G V
N F H R E D Y N A S T I K E
G Ø E U G R W C A U M B R G
E Y S S I M P E R I U M O G
D D T T Y P A L A S S N C
Ø A F N H N R B P I K A E L
M L O I W J I H D R J B G F
M Y R N J I N N M C O L W H
E L D G M E S D G T L I F B
X F U L C E D E L C D J L V
```

RUSTNING   FØYDAL
RIDDER   FESTNING
HEST   IMPERIUM
KATAPULT   EDEL
KRONE   PALASS
DYNASTI   VEGG
DRAGE   PRINS
SKJOLD   KONGEDØMME
SVERD   TÅRN

89 - Arte

```
S A M M E N S E T N I N G S
H J N S M O R I G I N A L Y
D U R S N F I G U R S U J M
A K M K E R A M I S K N F B
L P L Ø E N K E L Y I S O O
K O Y V R V H U X Z L K X L
P E R S O N L I G L D O Y B
W S K A P E I R E U R M A R
F I V I S U E L L T E P N E
S K U L P T U R E T W L O G
Æ R L I G M A L E R I E R Y
I N S P I R E R T Y T K L P
F J H H B W T S G K P S L L
F S Z Z I K Z Z N K L E C E
```

KERAMISK
KOMPLEKS
SAMMENSETNING
SKAPE
SKULPTUR
UTTRYKK
FIGUR
ÆRLIG
HUMØR
INSPIRERT

ORIGINAL
PERSONLIG
MALERIER
POESI
SKILDRE
ENKEL
SYMBOL
EMNE
VISUELL

90 - Herboristería

```
H  T  E  J  S  B  A  S  I  L  I  K  U  M
R  A  L  B  A  L  K  F  N  A  Y  U  B  M
M  A  G  F  F  O  V  E  G  R  W  L  Y  O
F  Y  S  E  R  M  A  N  R  O  J  I  H  J
G  W  N  W  A  S  L  N  E  M  Y  N  V  P
K  T  S  T  N  T  I  I  D  A  E  A  I  Z
B  E  S  C  E  N  T  K  I  T  W  R  T  P
Q  P  O  I  Y  H  E  E  E  I  D  I  L  L
W  L  D  B  H  A  T  L  N  S  Y  S  Ø  O
M  A  R  J  O  R  A  M  S  K  M  K  K  R
F  N  E  S  T  R  A  G  O  N  T  A  G  I
J  T  S  R  O  S  M  A  R  I  N  F  K  M
P  E  R  S  I  L  L  E  G  R  Ø  N  N  Q
O  P  L  A  V  E  N  D  E  L  K  R  Q  A
```

HVITLØK	INGREDIENS
BASILIKUM	HAGE
AROMATISK	LAVENDEL
SAFRAN	MARJORAM
KVALITET	MYNTE
KULINARISK	PERSILLE
DILL	PLANTE
ESTRAGON	ROSMARIN
BLOMST	SMAK
FENNIKEL	GRØNN

91 - Verano

```
X X H J E M V V S T R A N D
K X A F X F F Q M X D X C Q
M S G B R E I S E H D M A C
L P E I V I Z A H G A K M S
M I N N E R T T B M V V P N
H L Z D N E D I I Y S F I F
H L C S N X D V D G L W N A
F E R I E G J Y V B A C G M
S T J E R N E R K Q P D Y I
B Ø K E R U G W I K N B L L
Y P D Z S X L M U S I K K I
S A N D A L E R R F N N G E
M A T L J D D B O U G G G F
A Y T R L J E Z W A D Z I J
```

GLEDE
VENNER
DYKKING
CAMPING
MAT
STJERNER
FAMILIE
HJEM
HAGE
SPILL

BØKER
HAV
MUSIKK
FRITID
STRAND
MINNER
AVSLAPNING
SANDALER
FERIE
REISE

92 - Insectos

```
L Y U B L A D L U S J B E Ø
G A A E T H E R M N K I B Y
R L R Y X N Q Q R N G L I E
E I B V K P V E L S L L E N
S Q K T E A F L Y W V E P S
S M Y G G X K T X O X D W T
H A B S O M M E R F U G L I
O O H T U A Y R R Y R I F K
P O T G F N M M I L Q Q W K
P R R X F T A I F E A M H E
E A W M X I U T R W I K D R
Q R I Ø A S R T L O I Q K U
J G X L O P P E C I C A D A
H D E L M A R I H Ø N E C Q
```

BIE	ØYENSTIKKER
VEPS	MANTIS
BLADLUS	SOMMERFUGL
CICADA	MARIHØNE
KAKERLAKK	MYGG
BILLE	MØLL
ORM	LOPPE
MAUR	GRESSHOPPE
LARVE	TERMITT

93 - Especias

```
V A N I L J E W I I T Q P L
X K Q H Y N A D A K E F A T
S P I S S K U M M E N S P O
A M X Ø D F J I Y P I M R S
L S U T P Y S Z A W Q A I Y
T Z U S F E D D T O E K K F
N C F R K I N G E F Æ R A E
X G F Q I A E L N G L S B N
L P J H V I T L Ø K A A I N
H Ø S N Z K A M J A K F T I
D S K L M G N A D N R R T K
P E P P E R I V C E I A E E
M H N D D M S A X L S N R L
U E H W P K A R R I B H I L
```

SUR	SØT
HVITLØK	FENNIKEL
BITTER	INGEFÆR
ANIS	MUSKAT
SAFRAN	PAPRIKA
KANEL	PEPPER
LØK	LAKRIS
FEDD	SMAK
SPISSKUMMEN	SALT
KARRI	VANILJE

94 - Emociones

```
K  U  X  O  Y  F  R  Y  K  T  L  F  A  I
J  A  D  V  N  S  R  E  N  L  Y  O  V  N
E  G  Ø  M  H  E  T  E  C  G  K  R  S  N
D  U  L  U  H  D  A  G  D  L  K  N  L  H
S  I  N  N  E  A  K  W  U  E  S  Ø  A  O
O  T  V  G  F  N  K  M  M  D  A  Y  P  L
M  F  F  W  S  M  N  V  M  E  L  D  P  D
H  K  Q  F  B  Y  E  R  O  L  I  G  E  S
E  W  L  R  P  H  M  A  F  C  G  M  T  C
T  B  I  O  R  J  L  P  L  F  H  C  U  V
L  B  F  X  J  T  I  C  A  L  E  U  L  T
K  R  F  X  X  Y  G  Y  U  T  T  A  N  G
K  J  Æ  R  L  I  G  H  E  T  I  F  I  I
L  E  T  T  E  L  S  E  P  T  F  V  I  Y
```

KJEDSOMHET	SINNE
TAKKNEMLIG	FRYKT
GLEDE	FRED
LETTELSE	AVSLAPPET
KJÆRLIGHET	FORNØYD
FLAU	SYMPATI
LYKKSALIGHET	ØMHET
ROLIG	RO
INNHOLD	

95 - Mediciones

```
L K D Q L V M D O U G L J H
H Ø Y D E J I E F H N L H W
Z X B J N M N S Z H V O P D
K Q D C G A U I A T O N N T
Y I E W D S T M U O L W Z K
G A L T E S T A N M U C M Z
P W I O K E Y L S M M C V U
G G T M M I M P E E U M E D
U Z E V N E L D B Y T E K L
Y G R A D D T O N R M D T Z
D R Y L R Z L E G U E L W H
W A L H F T H Z R O T D J T
B M C E N T I M E T E R D R
V T C L F F R R Z R R Q O E
```

HØYDE
BREDDE
BYTE
CENTIMETER
DESIMAL
GRAD
GRAM
KILO
KILOMETER
LITER

LENGDE
MASSE
METER
MINUTT
UNSE
VEKT
DYBDE
TOMME
TONN
VOLUM

96 - Barcos

```
O C T H Y U V V K M T B L U
U D F C G I Q X A E B Ø Y E
K G L C V F N D J A M L A O
I Y G T I D E V A N N G C F
D M A S T A U Y K K Q E H M
R A P K F E V S K E D R T U
F N A U T I S K E R L M P H
L N I N N S J Ø K I L T E U
Å S L Q M O T O R A L H A V
T K F M A R I T I M N B R E
E A L E V J B W G H X O Å N
L P X K R R S J Ø M A N N T
V D Q G F J I R V H O R W K
V Y T A L L E Z B G L L M D
```

ANKER
FLÅTE
BØYE
KANO
TAU
FERJE
KAJAKK
INNSJØ
HAV
TIDEVANN

SJØMANN
MARITIM
MAST
MOTOR
NAUTISK
BØLGER
ELV
MANNSKAP
SEILBÅT
YACHT

97 - Antártida

```
M V T Y L T Ø P K T S P S S
I I S E V S K Y E R T I Y B
G T N U M D Z I E W E N Y E
R E T E T P Y S M R I G D V
A N O K R V E B I T N V L A
S S P S Y A U R S N E I R R
J K O P L N L E A X T N Z I
O A G E Z N L E O T E E F N
N P R D W M Q R R G U R U G
A E A I B U K T Z L A R G H
O L F S H A L V Ø Y G P L L
O I I J F O R S K E R H E H
Q G E O G R A F I R D I R O
C K O N T I N E N T Z E J P
```

VANN	ØYER
BUKT	MIGRASJON
VITENSKAPELIG	MINERALER
BEVARING	SKYER
KONTINENT	FUGLER
EKSPEDISJON	HALVØY
GEOGRAFI	PINGVINER
ISBREER	STEINETE
IS	TEMPERATUR
FORSKER	TOPOGRAFI

98 - Piratas

```
X  K  O  M  P  A  S  S  F  G  S  F  M  C
I  A  Y  I  A  K  S  X  R  B  T  L  A  Y
X  R  X  X  P  R  A  R  O  M  R  A  N  Y
C  T  U  U  E  I  E  P  M  K  A  G  N  B
B  Q  S  V  G  U  L  L  T  N  N  G  S  I
J  N  Z  V  Ø  Y  A  Z  M  E  D  Y  K  U
A  R  R  I  Y  A  N  K  E  R  I  W  A  L
F  V  V  L  E  G  E  N  D  E  L  N  P  G
S  C  D  L  C  E  V  D  X  E  U  H  G  P
V  K  M  Y  N  T  E  R  Å  F  R  U  Z  S
E  N  A  S  D  K  N  S  Z  R  U  L  G  F
R  H  A  T  W  H  T  L  U  D  L  E  F  A
D  X  H  A  T  R  Y  P  B  O  X  I  S  R
R  O  G  L  L  O  R  N  Y  F  F  T  G  E
```

ANKER	PAPEGØYE
EVENTYR	DÅRLIG
FLAGG	KART
KOMPASS	MYNTER
KAPTEIN	GULL
ARR	FARE
HULE	STRAND
SVERD	ROM
ØY	SKATT
LEGENDE	MANNSKAP

99 - Mamíferos

```
S  M  Z  S  D  D  T  R  M  D  J  J  O  D
H  F  M  Z  E  E  S  E  L  B  N  X  K  X
H  V  A  L  Q  B  L  V  J  G  I  N  S  P
D  S  K  X  R  Z  R  F  G  G  L  U  E  R
H  U  N  D  A  P  E  A  I  K  B  I  C  Æ
N  L  K  E  N  G  U  R  U  N  A  A  L  R
N  V  E  N  M  K  A  N  I  N  S  T  E  I
X  Z  L  K  A  M  E  L  J  S  A  G  T  E
B  H  E  S  T  Z  W  F  R  J  U  O  D  U
J  D  F  V  J  W  R  X  R  I  Z  R  A  L
Ø  N  A  K  Y  G  T  Y  Q  R  F  I  J  V
R  G  N  A  X  M  D  R  I  A  Z  L  H  F
N  J  T  T  Z  Y  H  Q  Q  F  H  L  W  B
O  P  X  K  F  W  M  R  Y  F  J  A  T  X
```

HVAL	KATT
ESEL	GORILLA
HEST	SJIRAFF
KAMEL	ULV
KENGURU	APE
SEBRA	BJØRN
KANIN	SAU
PRÆRIEULV	HUND
DELFIN	OKSE
ELEFANT	REV

100 - Abejas

```
P P M M K K B Q H X V B V I
L O H A G E L L S D O X I N
A L L T A D O G V N K B N S
N L D L P R M R E H S W G E
T I O O E O S J R Ø Y K E K
E N D V Y N T G M C R P R T
R A P F G N E I U F R U K T
W T A M X I R Q X N H V N F
H O N N I N G J L I S I J R
N R L I H G L G T D O T S X
M A N G F O L D K E L R I P
B I K U B E M X H Q G P N G
Ø K O S Y S T E M F R S A Y
P T W B L O M S T R E X A B
```

VINGER
GUNSTIG
VOKS
BIKUBE
MAT
MANGFOLD
ØKOSYSTEM
SVERM
BLOMSTRE
BLOMSTER

FRUKT
RØYK
INSEKT
HAGE
HONNING
PLANTER
POLLEN
POLLINATOR
DRONNING
SOL

1 - Ajedrez

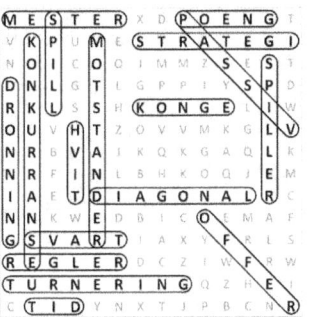

2 - Agua

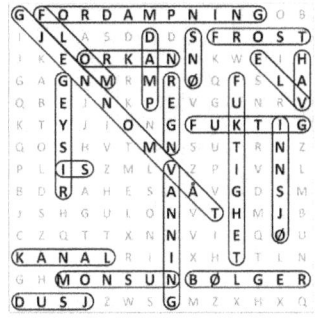

3 - Granja #2

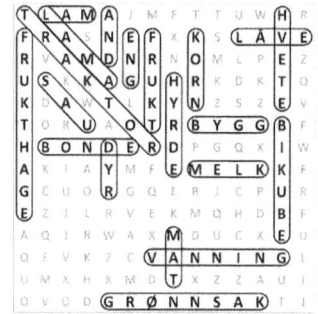

4 - Mueble

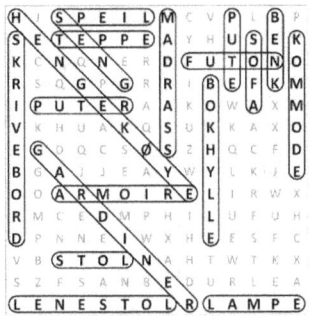

5 - Pesca

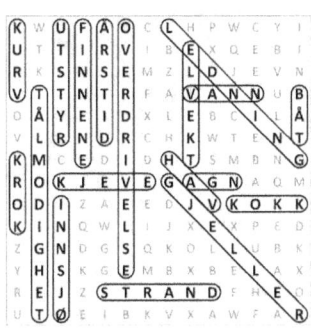

6 - Aviones

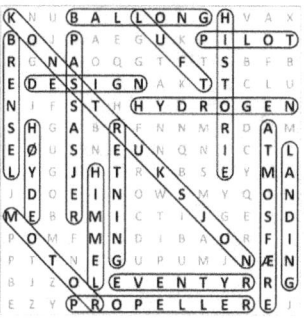

7 - Tipos de Cabello

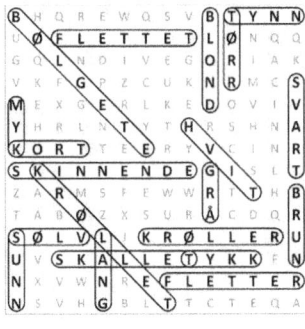

8 - Herramientas de Cocina

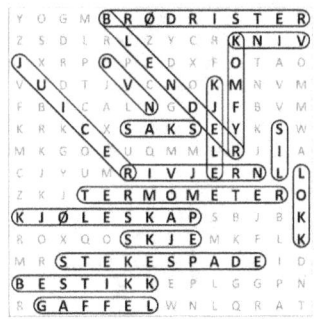

9 - Ciencia Ficción

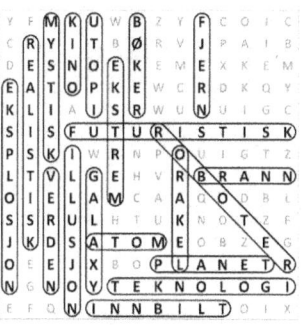

10 - Juguetes

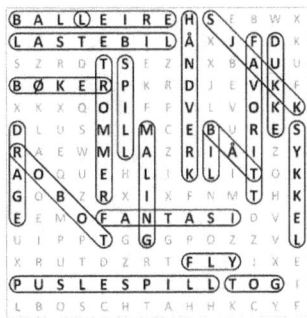

11 - Circo

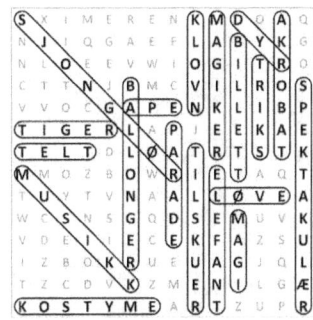

12 - Rellenar

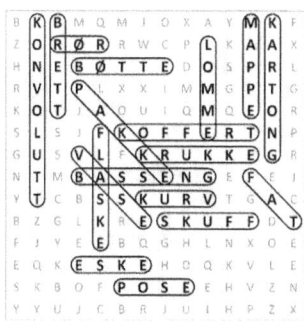

13 - Granja #1

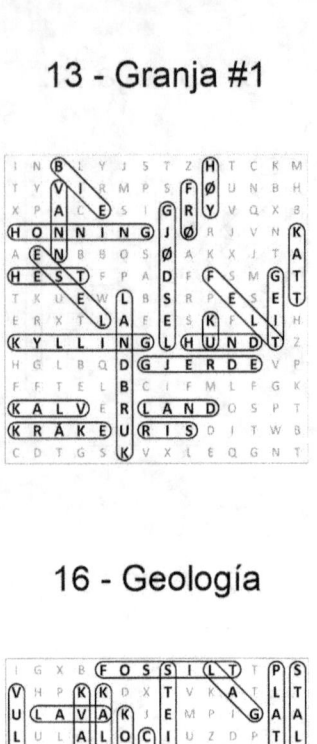

14 - Camping

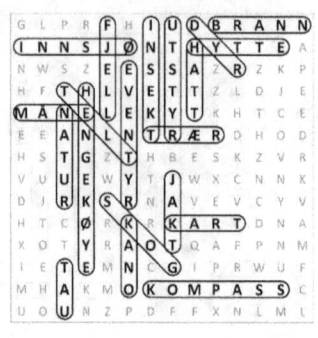

15 - Fruta

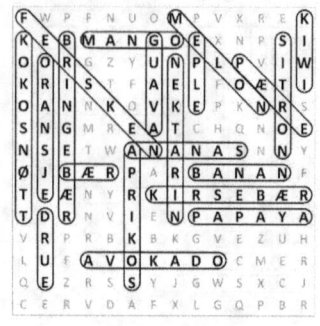

16 - Geología

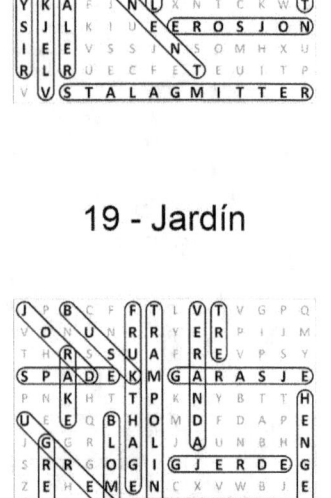

17 - Plantas

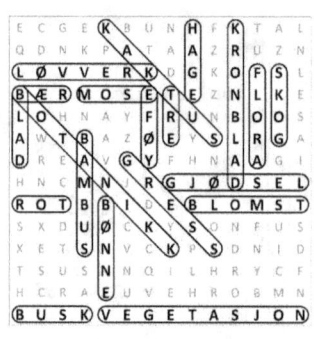

18 - Suministros de Arte

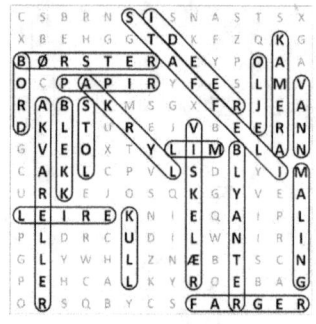

19 - Jardín

20 - Países #2

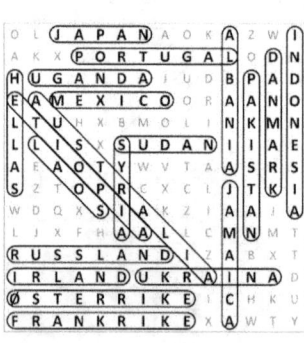

21 - Tecnología

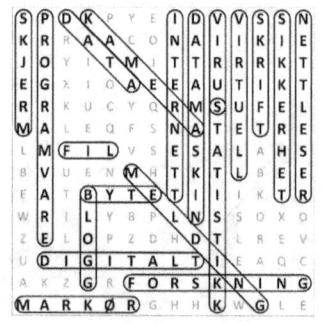

22 - Números

23 - Mitología

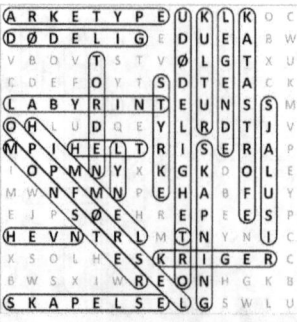

24 - Ecología

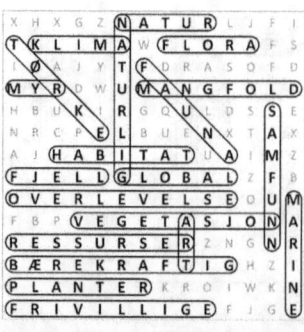

25 - Herramientas

26 - Casa

27 - Artes Visuales

28 - Escuela #2

29 - Selva Tropical

30 - Colores

31 - Adjetivos #1

32 - Familia

33 - Disciplinas Científicas

34 - Gatos

35 - Cocina

36 - Escuela #1

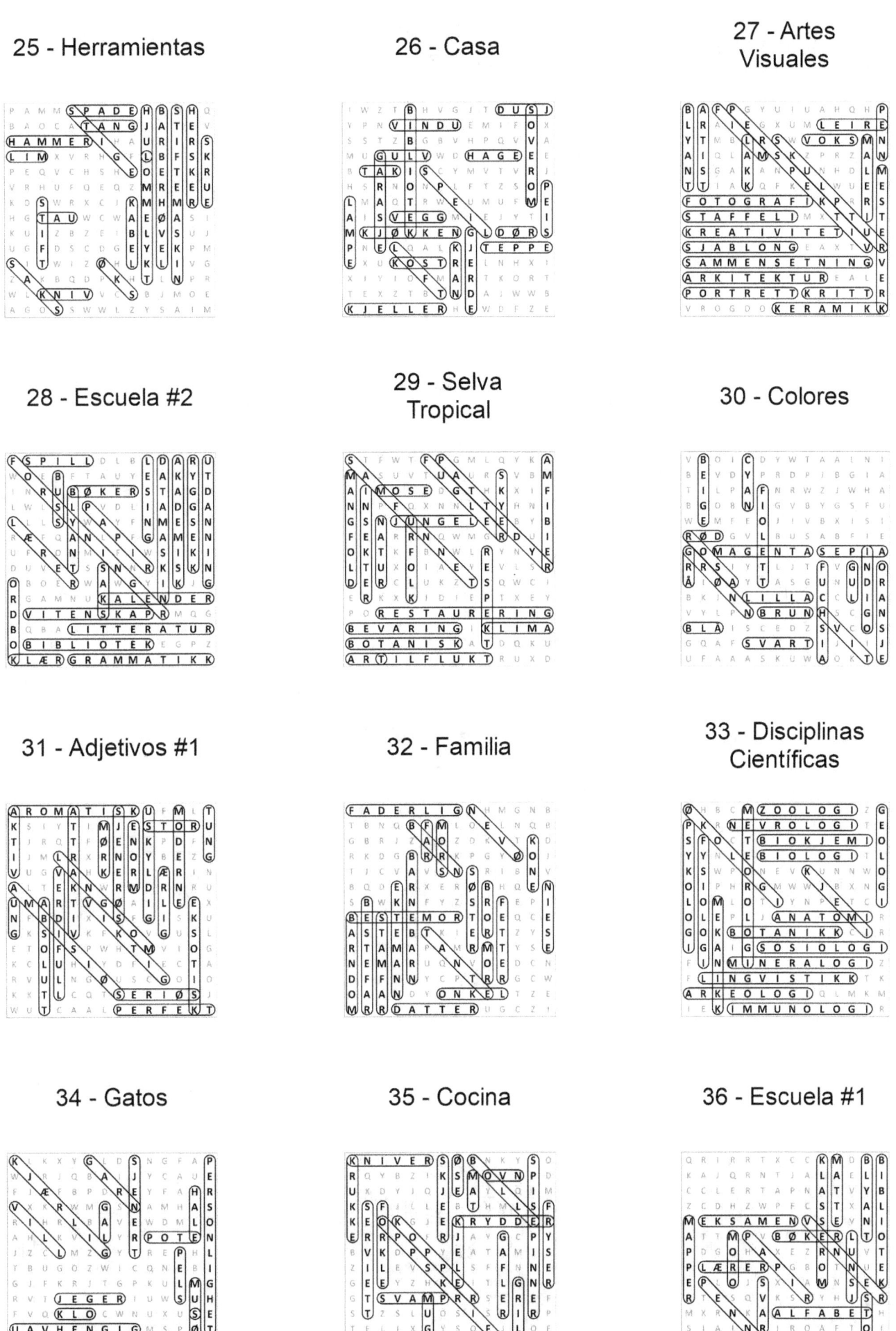

37 - Adjetivos #2

38 - Cuerpo Humano

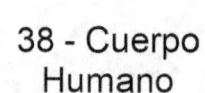
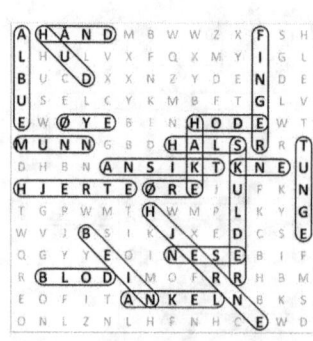

39 - Ciencia

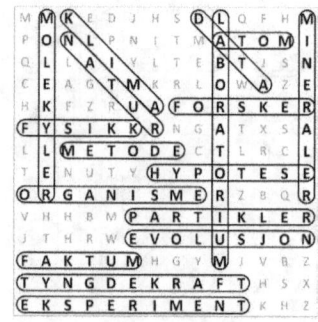

40 - Dinosaurios

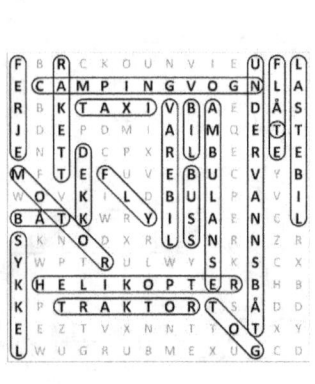

41 - Restaurante #2

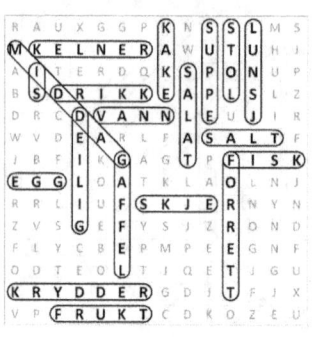

42 - Profesiones #1

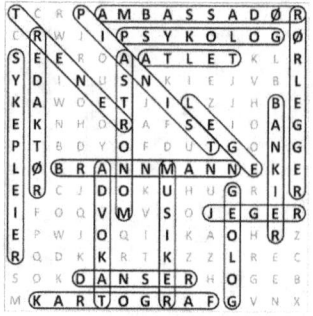

43 - Vehículos

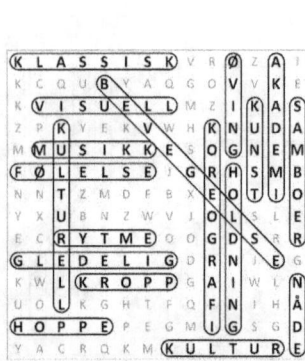

44 - Vacaciones #2

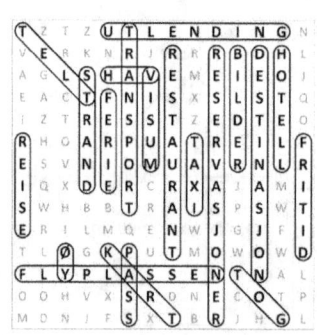

45 - Cumpleaños

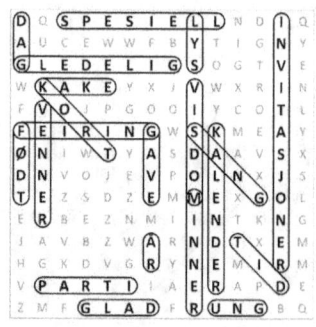

46 - Baile

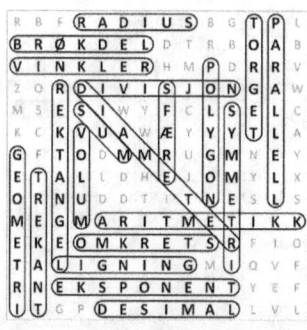

47 - Matemáticas

48 - Restaurante #1

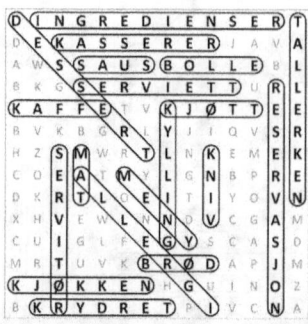

49 - Profesiones #2

50 - Senderismo

51 - Naturaleza

52 - Conduciendo

53 - Ballet

54 - Aventura

55 - Pájaros

56 - Surf

57 - Geografía

58 - Deportes

59 - Actividades

60 - Verduras

61 - Instrumentos Musicales

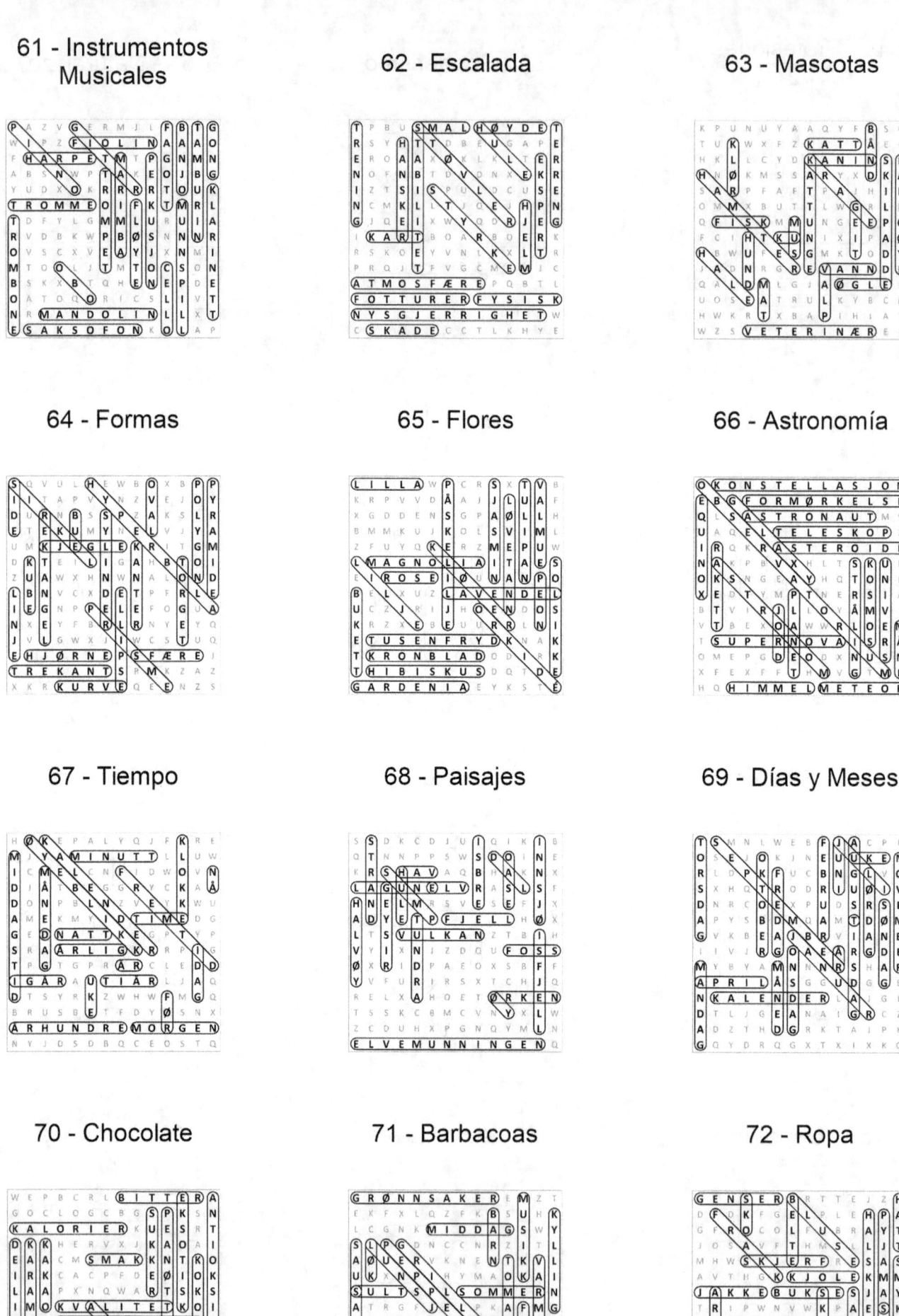

62 - Escalada

63 - Mascotas

64 - Formas

65 - Flores

66 - Astronomía

67 - Tiempo

68 - Paisajes

69 - Días y Meses

70 - Chocolate

71 - Barbacoas

72 - Ropa

73 - Meditación

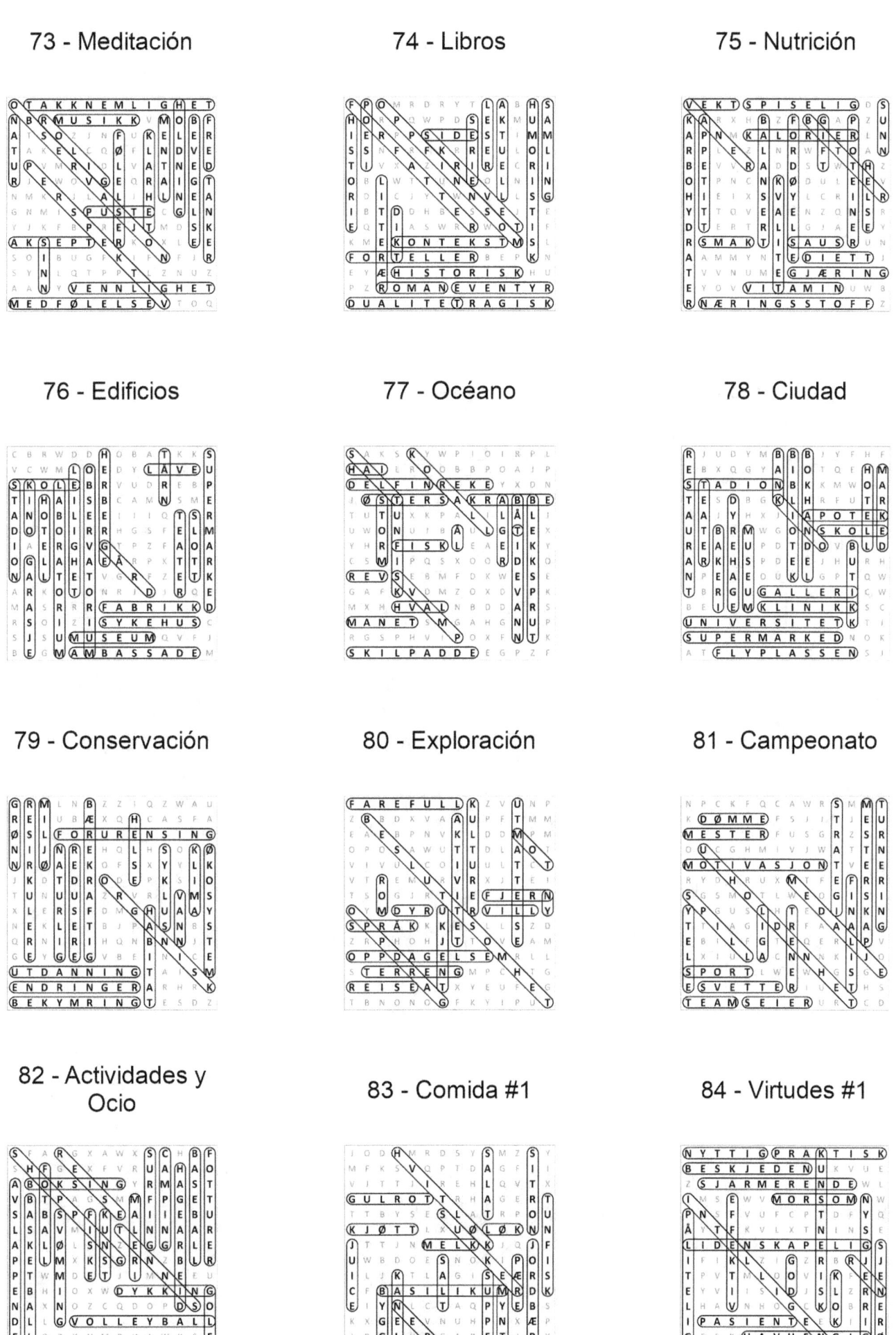

74 - Libros

75 - Nutrición

76 - Edificios

77 - Océano

78 - Ciudad

79 - Conservación

80 - Exploración

81 - Campeonato

82 - Actividades y Ocio

83 - Comida #1

84 - Virtudes #1

85 - Literatura

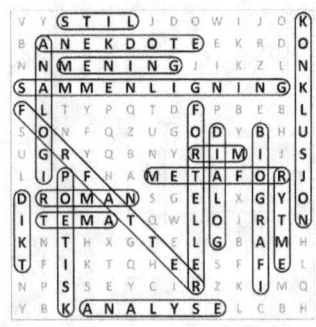

86 - Clima

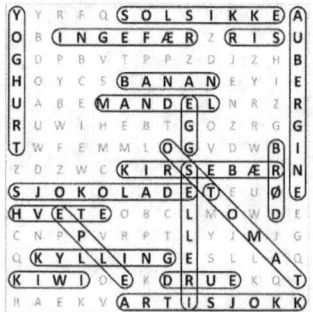

87 - Comida #2

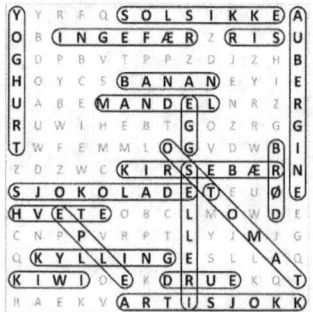

88 - Castillos

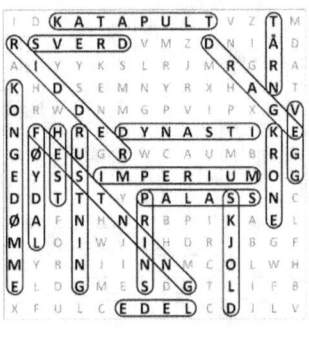

89 - Arte

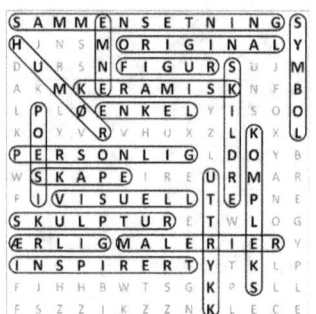

90 - Herboristería

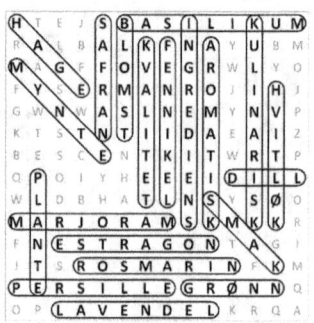

91 - Verano

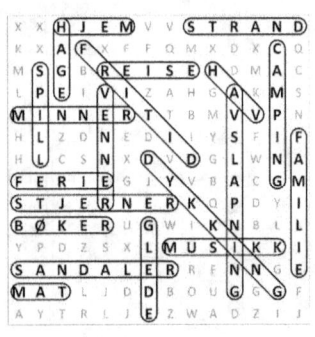

92 - Insectos

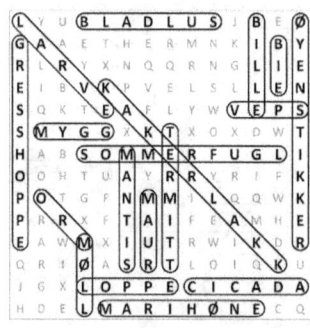

93 - Especias

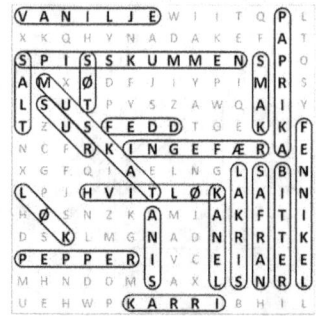

94 - Emociones

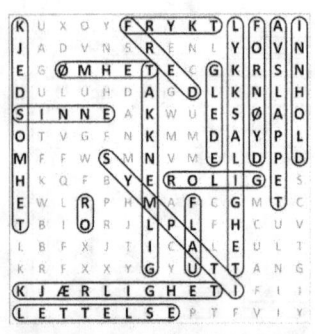

95 - Mediciones

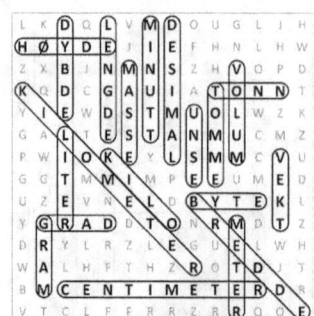

96 - Barcos

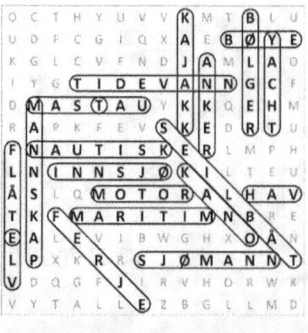

97 - Antártida

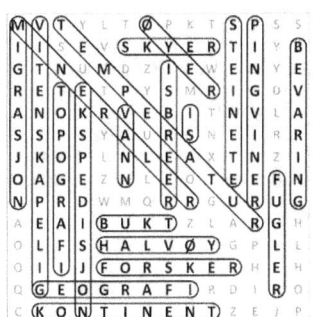

98 - Piratas

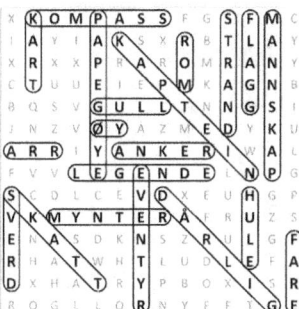

99 - Mamíferos

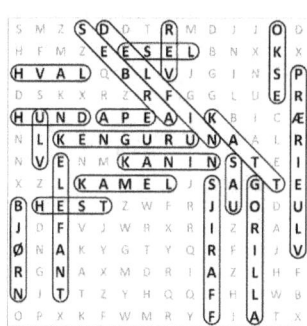

100 - Abejas

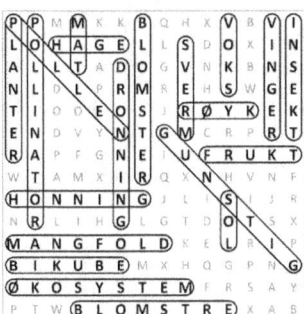

Diccionario

Abejas
Bier

Alas	Vinger
Beneficioso	Gunstig
Cera	Voks
Colmena	Bikube
Comida	Mat
Diversidad	Mangfold
Ecosistema	Økosystem
Enjambre	Sverm
Flor	Blomstre
Flores	Blomster
Fruta	Frukt
Humo	Røyk
Insecto	Insekt
Jardín	Hage
Miel	Honning
Plantas	Planter
Polen	Pollen
Polinizador	Pollinator
Reina	Dronning
Sol	Sol

Actividades
Aktiviteter

Actividad	Aktivitet
Arte	Kunst
Artesanía	Håndverk
Caza	Jakt
Cerámica	Keramikk
Costura	Sy
Fotografía	Fotografering
Habilidad	Ferdighet
Intereses	Interesser
Jardinería	Hagearbeid
Juegos	Spill
Lectura	Lesing
Magia	Magi
Ocio	Fritid
Pesca	Fiske
Pintura	Maleri
Placer	Glede
Relajación	Avslapning
Senderismo	Fotturer
Tejer	Strikking

Actividades y Ocio
Aktiviteter og Fritid

Arte	Kunst
Baloncesto	Basketball
Béisbol	Baseball
Boxeo	Boksing
Buceo	Dykking
Camping	Camping
Compras	Shopping
Fútbol	Fotball
Golf	Golf
Jardinería	Hagearbeid
Natación	Svømming
Pesca	Fiske
Pintura	Maleri
Relajante	Avslappende
Senderismo	Fotturer
Surf	Surfing
Tenis	Tennis
Viaje	Reise
Voleibol	Volleyball

Adjetivos #1
Adjektiver #1

Absoluto	Absolutt
Activo	Aktiv
Ambicioso	Ambisiøs
Aromático	Aromatisk
Atractivo	Attraktiv
Enorme	Enorm
Exótico	Eksotisk
Generoso	Sjenerøs
Grande	Stor
Honesto	Ærlig
Importante	Viktig
Inocente	Uskyldig
Joven	Ung
Lento	Langsom
Moderno	Moderne
Oscuro	Mørk
Perfecto	Perfekt
Pesado	Tung
Serio	Seriøs
Valioso	Verdifull

Adjetivos #2
Adjektiver #2

Cansado	Trøtt
Comestible	Spiselig
Creativo	Kreativ
Descriptivo	Beskrivende
Dramático	Dramatisk
Elegante	Elegant
Famoso	Berømt
Fresco	Fersk
Fuerte	Sterk
Interesante	Interessant
Natural	Naturlig
Normal	Normal
Nuevo	Ny
Orgulloso	Stolt
Picante	Krydret
Productivo	Produktiv
Responsable	Ansvarlig
Salado	Salt
Saludable	Sunn
Seco	Tørr

Agua
Vann

Canal	Kanal
Ducha	Dusj
Empapado	Gjennomvåt
Evaporación	Fordampning
Géiser	Geysir
Helada	Frost
Hielo	Is
Humedad	Fuktighet
Huracán	Orkan
Húmedo	Fuktig
Inundación	Flom
Lago	Innsjø
Lluvia	Regn
Monzón	Monsun
Nieve	Snø
Océano	Hav
Olas	Bølger
Riego	Vanning
Río	Elv
Vapor	Damp

Ajedrez
Sjakk

Blanco	Hvit
Campeón	Mester
Concurso	Konkurranse
Diagonal	Diagonal
Estrategia	Strategi
Juego	Spill
Jugador	Spiller
Negro	Svart
Oponente	Motstander
Pasivo	Passiv
Puntos	Poeng
Reglas	Regler
Reina	Dronning
Rey	Konge
Sacrificio	Offer
Tiempo	Tid
Torneo	Turnering

Antártida
Antarktis

Agua	Vann
Bahía	Bukt
Científico	Vitenskapelig
Conservación	Bevaring
Continente	Kontinent
Expedición	Ekspedisjon
Geografía	Geografi
Glaciares	Isbreer
Hielo	Is
Investigador	Forsker
Islas	Øyer
Migración	Migrasjon
Minerales	Mineraler
Nubes	Skyer
Pájaros	Fugler
Península	Halvøy
Pingüinos	Pingviner
Rocoso	Steinete
Temperatura	Temperatur
Topografía	Topografi

Arte
Kunst

Cerámica	Keramisk
Complejo	Kompleks
Composición	Sammensetning
Crear	Skape
Escultura	Skulptur
Expresión	Uttrykk
Figura	Figur
Honesto	Ærlig
Humor	Humør
Inspirado	Inspirert
Original	Original
Personal	Personlig
Pinturas	Malerier
Poesía	Poesi
Retratar	Skildre
Sencillo	Enkel
Símbolo	Symbol
Surrealismo	Surrealisme
Tema	Emne
Visual	Visuell

Artes Visuales
Bildende Kunst

Arcilla	Leire
Arquitectura	Arkitektur
Artista	Artist
Barniz	Lakk
Caballete	Staffeli
Cera	Voks
Cerámica	Keramikk
Composición	Sammensetning
Creatividad	Kreativitet
Escultura	Skulptur
Fotografía	Fotografi
Lápiz	Blyant
Obra Maestra	Mesterverk
Película	Film
Perspectiva	Perspektiv
Pintura	Maleri
Plantilla	Sjablong
Pluma	Penn
Retrato	Portrett
Tiza	Kritt

Astronomía
Astronomi

Asteroide	Asteroide
Astronauta	Astronaut
Astrónomo	Astronom
Cielo	Himmel
Cohete	Rakett
Constelación	Konstellasjon
Cosmos	Kosmos
Eclipse	Formørkelse
Equinoccio	Equinox
Galaxia	Galaxy
Luna	Måne
Meteoro	Meteor
Observatorio	Observatorium
Planeta	Planet
Radiación	Stråling
Satélite	Satellitt
Supernova	Supernova
Telescopio	Teleskop
Tierra	Jord
Universo	Univers

Aventura
Eventyr

Actividad	Aktivitet
Alegría	Glede
Amigos	Venner
Belleza	Skjønnhet
Destino	Destinasjon
Dificultad	Vanskelighet
Entusiasmo	Entusiasme
Excursión	Utflukt
Inusual	Uvanlig
Itinerario	Reiserute
Naturaleza	Natur
Navegación	Navigasjon
Nuevo	Ny
Oportunidad	Sjanse
Peligroso	Farlig
Preparación	Forberedelse
Seguridad	Sikkerhet
Sorprendente	Overraskende
Viajes	Reiser

Aviones
Fly

Aire	Luft
Altura	Høyde
Aterrizaje	Landing
Atmósfera	Atmosfære
Aventura	Eventyr
Cielo	Himmel
Combustible	Brensel
Construcción	Konstruksjon
Dirección	Retning
Diseño	Design
Globo	Ballong
Hélices	Propeller
Hidrógeno	Hydrogen
Historia	Historie
Motor	Motor
Navegar	Navigere
Pasajero	Passasjer
Piloto	Pilot
Tripulación	Mannskap
Turbulencia	Turbulens

Baile
Danse

Academia	Akademi
Alegre	Gledelig
Arte	Kunst
Clásico	Klassisk
Coreografía	Koreografi
Cuerpo	Kropp
Cultura	Kultur
Cultural	Kulturell
Emoción	Følelse
Ensayo	Øving
Expresivo	Uttrykksfull
Gracia	Nåde
Movimiento	Bevegelse
Música	Musikk
Postura	Holdning
Ritmo	Rytme
Saltar	Hoppe
Socio	Samboer
Tradicional	Tradisjonell
Visual	Visuell

Ballet
Ballett

Aplauso	Applaus
Artístico	Kunstnerisk
Audiencia	Publikum
Bailarina	Ballerina
Bailarines	Dansere
Compositor	Komponist
Coreografía	Koreografi
Ensayo	Øving
Estilo	Stil
Expresivo	Uttrykksfull
Gesto	Gest
Habilidad	Ferdighet
Intensidad	Intensitet
Lecciones	Leksjoner
Músculos	Muskler
Música	Musikk
Orquesta	Orkester
Práctica	Praksis
Ritmo	Rytme
Técnica	Teknikk

Barbacoas
Grilling

Almuerzo	Lunsj
Caliente	Varmt
Cebollas	Løk
Cena	Middag
Cuchillos	Kniver
Ensaladas	Salater
Familia	Familie
Fruta	Frukt
Hambre	Sult
Juegos	Spill
Música	Musikk
Niños	Barn
Parrilla	Grille
Pimienta	Pepper
Pollo	Kylling
Sal	Salt
Salsa	Saus
Tomates	Tomater
Verano	Sommer
Verduras	Grønnsaker

Barcos
Båter

Ancla	Anker
Balsa	Flåte
Boya	Bøye
Canoa	Kano
Cuerda	Tau
Ferry	Ferje
Kayak	Kajakk
Lago	Innsjø
Mar	Hav
Marea	Tidevann
Marinero	Sjømann
Marítimo	Maritim
Mástil	Mast
Motor	Motor
Náutico	Nautisk
Olas	Bølger
Río	Elv
Tripulación	Mannskap
Velero	Seilbåt
Yate	Yacht

Campeonato
Mesterskapet

Campeonato	Mesterskap
Campeón	Mester
Deportes	Sport
Entrenador	Trener
Equipo	Team
Estrategia	Strategi
Finalista	Finalist
Juegos	Spill
Juez	Dømme
Liga	Liga
Medalla	Medalje
Motivación	Motivasjon
Rendimiento	Ytelse
Resistencia	Utholdenhet
Torneo	Turnering
Transpiración	Svette
Victoria	Seier

Camping
Camping

Animales	Dyr
Aventura	Eventyr
Árboles	Trær
Bosque	Skog
Brújula	Kompass
Cabina	Hytte
Canoa	Kano
Carpa	Telt
Caza	Jakt
Cuerda	Tau
Equipo	Utstyr
Fuego	Brann
Hamaca	Hengekøye
Insecto	Insekt
Lago	Innsjø
Luna	Måne
Mapa	Kart
Montaña	Fjell
Naturaleza	Natur
Sombrero	Hatt

Casa
Hus

Alfombra	Teppe
Ático	Loft
Biblioteca	Bibliotek
Chimenea	Peis
Cocina	Kjøkken
Dormitorio	Soverom
Ducha	Dusj
Escoba	Kost
Espejo	Speil
Garaje	Garasje
Grifo	Kran
Jardín	Hage
Lámpara	Lampe
Pared	Vegg
Piso	Gulv
Puerta	Dør
Sótano	Kjeller
Techo	Tak
Valla	Gjerde
Ventana	Vindu

Castillos
Slott

Armadura	Rustning
Caballero	Ridder
Caballo	Hest
Catapulta	Katapult
Corona	Krone
Dinastía	Dynasti
Dragón	Drage
Escudo	Skjold
Espada	Sverd
Feudal	Føydal
Fortaleza	Festning
Imperio	Imperium
Noble	Edel
Palacio	Palass
Pared	Vegg
Princesa	Prinsesse
Príncipe	Prins
Reino	Kongedømme
Torre	Tårn
Unicornio	Enhjørning

Chocolate
Sjokolade

Amargo	Bitter
Antioxidante	Antioksidant
Aroma	Aroma
Artesanal	Artisanal
Azúcar	Sukker
Cacahuetes	Peanøtter
Cacao	Kakao
Calidad	Kvalitet
Calorías	Kalorier
Caramelo	Karamell
Coco	Kokosnøtt
Delicioso	Deilig
Dulce	Søt
Exótico	Eksotisk
Favorito	Favoritt
Gusto	Smak
Ingrediente	Ingrediens
Receta	Oppskrift

Ciencia
Vitenskap

Átomo	Atom
Científico	Forsker
Clima	Klima
Datos	Data
Evolución	Evolusjon
Experimento	Eksperiment
Física	Fysikk
Fósil	Fossilt
Gravedad	Tyngdekraft
Hecho	Faktum
Hipótesis	Hypotese
Laboratorio	Laboratorium
Método	Metode
Minerales	Mineraler
Moléculas	Molekyler
Naturaleza	Natur
Organismo	Organisme
Partículas	Partikler
Plantas	Planter
Químico	Kjemisk

Ciencia Ficción
Science Fiction

Atómico	Atom
Cine	Kino
Distante	Fjern
Explosión	Eksplosjon
Extremo	Ekstrem
Fantástico	Fantastisk
Fuego	Brann
Futurista	Futuristisk
Galaxia	Galaxy
Ilusión	Illusjon
Imaginario	Innbilt
Libros	Bøker
Misterioso	Mystisk
Mundo	Verden
Oráculo	Orakel
Planeta	Planet
Realista	Realistisk
Robots	Roboter
Tecnología	Teknologi
Utopía	Utopi

Circo
Sirkus

Acróbata	Akrobat
Animales	Dyr
Billete	Billett
Carpa	Telt
Desfile	Parade
Elefante	Elefant
Entretener	Underholde
Espectacular	Spektakulær
Espectador	Tilskuer
Globos	Ballonger
León	Løve
Magia	Magi
Mago	Magiker
Malabarista	Sjonglør
Mono	Ape
Música	Musikk
Payaso	Klovn
Tigre	Tiger
Traje	Kostyme
Truco	Triks

Ciudad
Byen

Aeropuerto	Flyplassen
Banco	Bank
Biblioteca	Bibliotek
Cine	Kino
Clínica	Klinikk
Escuela	Skole
Estadio	Stadion
Farmacia	Apotek
Galería	Galleri
Hotel	Hotell
Librería	Bokhandel
Mercado	Marked
Museo	Museum
Panadería	Bakeri
Restaurante	Restaurant
Supermercado	Supermarked
Teatro	Teater
Tienda	Butikk
Universidad	Universitet
Zoo	Dyrehage

Clima
Været

Atmósfera	Atmosfære
Brisa	Bris
Cielo	Himmel
Clima	Klima
Hielo	Is
Huracán	Orkan
Inundación	Flom
Monzón	Monsun
Niebla	Tåke
Nube	Sky
Polar	Polar
Rayo	Lyn
Seco	Tørr
Sequía	Tørke
Temperatura	Temperatur
Tormenta	Storm
Tornado	Tornado
Tropical	Tropisk
Trueno	Torden
Viento	Vind

Cocina
Kjøkken

Caldera	Kjele
Comida	Mat
Congelador	Fryser
Cucharas	Skjeer
Cucharón	Øse
Cuchillos	Kniver
Delantal	Forkle
Especias	Krydder
Esponja	Svamp
Horno	Ovn
Jarra	Mugge
Palillos	Spisepinner
Parrilla	Grille
Receta	Oppskrift
Refrigerador	Kjøleskap
Servilleta	Serviett
Tarro	Krukke
Tazas	Kopper
Tazón	Bolle
Tenedores	Gafler

Colores
Farger

Amarillo	Gul
Azul	Blå
Beige	Beige
Blanco	Hvit
Cian	Cyan
Fucsia	Fuchsia
Gris	Grå
Índigo	Indigo
Magenta	Magenta
Marrón	Brun
Naranja	Oransje
Negro	Svart
Púrpura	Lilla
Rojo	Rød
Rosa	Rosa
Sepia	Sepia
Verde	Grønn
Violeta	Fiolett

Comida #1
Mat #1

Ajo	Hvitløk
Albahaca	Basilikum
Atún	Tunfisk
Azúcar	Sukker
Canela	Kanel
Carne	Kjøtt
Cebada	Bygg
Cebolla	Løk
Ensalada	Salat
Espinacas	Spinat
Fresa	Jordbær
Jugo	Juice
Leche	Melk
Limón	Sitron
Menta	Mynte
Nabo	Nepe
Pera	Pære
Sal	Salt
Sopa	Suppe
Zanahoria	Gulrot

Comida #2
Mat #2

Alcachofa	Artisjokk
Almendra	Mandel
Apio	Selleri
Arroz	Ris
Berenjena	Aubergine
Cereza	Kirsebær
Chocolate	Sjokolade
Girasol	Solsikke
Huevo	Egg
Jengibre	Ingefær
Kiwi	Kiwi
Manzana	Eple
Pan	Brød
Plátano	Banan
Pollo	Kylling
Queso	Ost
Tomate	Tomat
Trigo	Hvete
Uva	Drue
Yogur	Yoghurt

Conduciendo
Kjøring

Accidente	Ulykke
Calle	Gate
Camión	Lastebil
Coche	Bil
Combustible	Brensel
Frenos	Bremser
Garaje	Garasje
Gas	Gass
Licencia	Lisens
Mapa	Kart
Motocicleta	Motorsykkel
Motor	Motor
Peatonal	Fotgjenger
Peligro	Fare
Policía	Politi
Seguridad	Sikkerhet
Transporte	Transport
Tráfico	Trafikk
Túnel	Tunnel
Velocidad	Hastighet

Conservación
Bevaring

Agua	Vann
Ambiental	Miljø
Cambios	Endringer
Ciclo	Syklus
Clima	Klima
Contaminación	Forurensing
Ecosistema	Økosystem
Educación	Utdanning
Hábitat	Habitat
Natural	Naturlig
Orgánico	Organisk
Preocupación	Bekymring
Reciclar	Resirkulere
Reducir	Redusere
Salud	Helse
Sostenible	Bærekraftig
Verde	Grønn
Voluntario	Frivillig

Cuerpo Humano
Menneskekroppen

Barbilla	Hake
Boca	Munn
Cabeza	Hode
Cara	Ansikt
Cerebro	Hjerne
Codo	Albue
Corazón	Hjerte
Cuello	Hals
Dedo	Finger
Hombro	Skulder
Lengua	Tunge
Mano	Hånd
Nariz	Nese
Ojo	Øye
Oreja	Øre
Piel	Hud
Pierna	Bein
Rodilla	Kne
Sangre	Blod
Tobillo	Ankel

Cumpleaños
Fødselsdag

Alegre	Gledelig
Amigos	Venner
Año	År
Calendario	Kalender
Canción	Sang
Celebración	Feiring
Día	Dag
Especial	Spesiell
Feliz	Glad
Invitaciones	Invitasjoner
Joven	Ung
Nacer	Født
Partido	Parti
Pastel	Kake
Recuerdos	Minner
Regalo	Gave
Sabiduría	Visdom
Tarjetas	Kort
Tiempo	Tid
Velas	Lys

Deportes
Idrett

Atleta	Atlet
Árbitro	Dommer
Baloncesto	Basketball
Béisbol	Baseball
Bicicleta	Sykkel
Campeonato	Mesterskap
Entrenador	Trener
Equipo	Team
Estadio	Stadion
Ganador	Vinner
Gimnasia	Gymnastikk
Gimnasio	Gymnastikksal
Golf	Golf
Hockey	Hockey
Juego	Spill
Jugador	Spiller
Movimiento	Bevegelse
Tenis	Tennis

Dinosaurios
Dinosaurer

Alas	Vinger
Carnívoro	Kjøtteter
Cola	Hale
Desaparición	Forsvinning
Enorme	Enorm
Especie	Art
Evolución	Evolusjon
Fósiles	Fossiler
Grande	Stor
Herbívoro	Herbivore
Mamut	Mammut
Omnívoro	Omnivore
Poderoso	Kraftig
Prehistórico	Forhistorisk
Presa	Bytte
Raptor	Raptor
Reptil	Reptil
Tamaño	Størrelse
Tierra	Jord
Vicioso	Ond

Disciplinas Científicas
Vitenskapelige Disipliner

Anatomía	Anatomi
Arqueología	Arkeologi
Astronomía	Astronomi
Biología	Biologi
Bioquímica	Biokjemi
Botánica	Botanikk
Ecología	Økologi
Fisiología	Fysiologi
Geología	Geologi
Inmunología	Immunologi
Lingüística	Lingvistikk
Mecánica	Mekanikk
Meteorología	Meteorologi
Mineralogía	Mineralogi
Neurología	Nevrologi
Psicología	Psykologi
Química	Kjemi
Sociología	Sosiologi
Termodinámica	Termodynamikk
Zoología	Zoologi

Días y Meses
Dager og Måneder

Abril	April
Agosto	August
Año	År
Calendario	Kalender
Domingo	Søndag
Enero	Januar
Febrero	Februar
Jueves	Torsdag
Julio	Juli
Junio	Juni
Lunes	Mandag
Martes	Tirsdag
Mes	Måned
Miércoles	Onsdag
Noviembre	November
Octubre	Oktober
Sábado	Lørdag
Semana	Uke
Septiembre	September
Viernes	Fredag

Ecología
Økologi

Clima	Klima
Comunidades	Samfunn
Diversidad	Mangfold
Especie	Art
Fauna	Fauna
Flora	Flora
Global	Global
Hábitat	Habitat
Marino	Marine
Montañas	Fjell
Natural	Naturlig
Naturaleza	Natur
Pantano	Myr
Plantas	Planter
Recursos	Ressurser
Sequía	Tørke
Sostenible	Bærekraftig
Supervivencia	Overlevelse
Vegetación	Vegetasjon
Voluntarios	Frivillige

Edificios
Bygningsmasse

Albergue	Herberge
Apartamento	Leilighet
Castillo	Slott
Cine	Kino
Embajada	Ambassade
Escuela	Skole
Estadio	Stadion
Fábrica	Fabrikk
Garaje	Garasje
Granero	Låve
Granja	Gård
Hospital	Sykehus
Hotel	Hotell
Laboratorio	Laboratorium
Museo	Museum
Observatorio	Observatorium
Supermercado	Supermarked
Teatro	Teater
Torre	Tårn
Universidad	Universitet

Emociones
Følelser

Aburrimiento	Kjedsomhet
Agradecido	Takknemlig
Alegría	Glede
Alivio	Lettelse
Amor	Kjærlighet
Avergonzado	Flau
Beatitud	Lykksalighet
Bondad	Vennlighet
Calma	Rolig
Contenido	Innhold
Ira	Sinne
Miedo	Frykt
Paz	Fred
Relajado	Avslappet
Satisfecho	Fornøyd
Simpatía	Sympati
Sorpresa	Overraskelse
Ternura	Ømhet
Tranquilidad	Ro
Tristeza	Tristhet

Escalada
Klatring

Altitud	Høyde
Atmósfera	Atmosfære
Botas	Støvler
Casco	Hjelm
Cueva	Hule
Curiosidad	Nysgjerrighet
Estabilidad	Stabilitet
Estrecho	Smal
Experto	Ekspert
Físico	Fysisk
Formación	Trening
Fuerza	Styrke
Guantes	Hansker
Lesión	Skade
Mapa	Kart
Senderismo	Fotturer
Terreno	Terreng

Escuela #1
Skole nr. 1

Alfabeto	Alfabet
Almuerzo	Lunsj
Amigos	Venner
Aula	Klasserom
Biblioteca	Bibliotek
Carpetas	Mapper
Diversión	Moro
Escritorio	Skrivebord
Exámenes	Eksamen
Lápiz	Blyant
Libros	Bøker
Matemática	Matte
Papel	Papir
Plumas	Penner
Profesor	Lærer
Respuestas	Svar
Silla	Stol

Escuela #2
Skole nr. 2

Académico	Akademisk
Autobús	Buss
Biblioteca	Bibliotek
Calendario	Kalender
Ciencia	Vitenskap
Diccionario	Ordbok
Educación	Utdanning
Gramática	Grammatikk
Juegos	Spill
Lápiz	Blyant
Lectura	Lesing
Libros	Bøker
Literatura	Litteratur
Mochila	Ryggsekk
Ordenador	Datamaskin
Papel	Papir
Profesor	Lærer
Ropa	Klær
Suministros	Forsyninger
Tijeras	Saks

Especias
Krydder

Agrio	Sur
Ajo	Hvitløk
Amargo	Bitter
Anís	Anis
Azafrán	Safran
Canela	Kanel
Cebolla	Løk
Clavo	Fedd
Comino	Spisskummen
Curry	Karri
Dulce	Søt
Hinojo	Fennikel
Jengibre	Ingefær
Nuez Moscada	Muskat
Pimentón	Paprika
Pimienta	Pepper
Regaliz	Lakris
Sabor	Smak
Sal	Salt
Vainilla	Vanilje

Exploración
Utforskning

Actividad	Aktivitet
Agotamiento	Utmattelse
Animales	Dyr
Búsqueda	Oppdrag
Coraje	Mot
Culturas	Kulturer
Desconocido	Ukjent
Descubrimiento	Oppdagelse
Determinación	Besluttsomhet
Distante	Fjern
Espacio	Rom
Idioma	Språk
Nuevo	Ny
Peligroso	Farefull
Salvaje	Vill
Terreno	Terreng
Viaje	Reise

Familia
Familien

Abuela	Bestemor
Abuelo	Bestefar
Antepasado	Stamfar
Esposa	Kone
Hermana	Søster
Hermano	Bror
Hija	Datter
Infancia	Barndom
Madre	Mor
Marido	Ektemann
Materno	Mors
Nieto	Barnebarn
Niño	Barn
Padre	Far
Paterno	Faderlig
Primo	Fetter
Sobrina	Niese
Sobrino	Nevø
Tía	Tante
Tío	Onkel

Flores
Blomster

Amapola	Valmue
Diente de León	Løvetann
Gardenia	Gardenia
Girasol	Solsikke
Hibisco	Hibiskus
Jazmín	Sjasmin
Lavanda	Lavendel
Lila	Lilla
Lirio	Lilje
Magnolia	Magnolia
Margarita	Tusenfryd
Narciso	Påskelilje
Orquídea	Orkidé
Pasionaria	Pasjonsblomst
Peonía	Peon
Pétalo	Kronblad
Ramo	Bukett
Rosa	Rose
Trébol	Kløver
Tulipán	Tulipan

Formas
Former

Arco	Bue
Bordes	Kanter
Cilindro	Sylinder
Círculo	Sirkel
Cono	Kjegle
Cuadrado	Torget
Cubo	Kube
Curva	Kurve
Elipse	Ellipse
Esfera	Sfære
Esquina	Hjørne
Hipérbola	Hyperbola
Lado	Side
Línea	Linje
Oval	Oval
Pirámide	Pyramide
Polígono	Polygon
Prisma	Prisme
Rectángulo	Rektangel
Triángulo	Trekant

Fruta
Frukt

Aguacate	Avokado
Albaricoque	Aprikos
Baya	Bær
Cereza	Kirsebær
Coco	Kokosnøtt
Frambuesa	Bringebær
Guayaba	Guava
Kiwi	Kiwi
Limón	Sitron
Mango	Mango
Manzana	Eple
Melocotón	Fersken
Melón	Melon
Naranja	Oransje
Nectarina	Nektarin
Papaya	Papaya
Pera	Pære
Piña	Ananas
Plátano	Banan
Uva	Drue

Gatos
Katter

Afectuoso	Kjærlig
Cazador	Jeger
Cola	Hale
Curioso	Nysgjerrig
Dormir	Søvn
Garra	Klo
Gracioso	Morsom
Hilo	Garn
Independiente	Uavhengig
Juguetón	Leken
Loco	Gal
Pata	Pote
Personalidad	Personlighet
Piel	Pels
Ratón	Mus
Salvaje	Vill
Tímido	Sjenert

Geografía
Geografi

Altitud	Høyde
Atlas	Atlas
Ciudad	By
Continente	Kontinent
Hemisferio	Halvkule
Isla	Øy
Latitud	Breddegrad
Longitud	Lengdegrad
Mapa	Kart
Mar	Hav
Meridiano	Meridian
Montaña	Fjell
Mundo	Verden
Norte	Nord
Oeste	Vest
País	Land
Región	Region
Río	Elv
Sur	Sør
Territorio	Territorium

Geología
Geologi

Ácido	Syre
Calcio	Kalsium
Capa	Lag
Caverna	Hule
Continente	Kontinent
Coral	Korall
Cristales	Crystal
Cuarzo	Kvarts
Erosión	Erosjon
Estalactita	Stalaktitt
Estalagmitas	Stalagmitter
Fósil	Fossilt
Géiser	Geysir
Lava	Lava
Meseta	Platå
Minerales	Mineraler
Piedra	Stein
Sal	Salt
Terremoto	Jordskjelv
Volcán	Vulkan

Granja #1
Gården #1

Abeja	Bie
Agricultura	Landbruk
Agua	Vann
Arroz	Ris
Burro	Esel
Caballo	Hest
Cabra	Geit
Campo	Felt
Cuervo	Kråke
Fertilizante	Gjødsel
Gato	Katt
Heno	Høy
Miel	Honning
Perro	Hund
Pollo	Kylling
Semillas	Frø
Ternero	Kalv
Tierra	Land
Vaca	Ku
Valla	Gjerde

Granja #2
Gården #2

Agricultor	Bonde
Animales	Dyr
Cebada	Bygg
Colmena	Bikube
Comida	Mat
Cordero	Lam
Fruta	Frukt
Granero	Låve
Huerto	Frukthage
Leche	Melk
Llama	Lama
Maíz	Korn
Oveja	Sau
Pastor	Hyrde
Pato	And
Prado	Eng
Riego	Vanning
Tractor	Traktor
Trigo	Hvete
Vegetal	Grønnsak

Herboristería
Urtemedisin

Ajo	Hvitløk
Albahaca	Basilikum
Aromático	Aromatisk
Azafrán	Safran
Calidad	Kvalitet
Culinario	Kulinarisk
Eneldo	Dill
Estragón	Estragon
Flor	Blomst
Hinojo	Fennikel
Ingrediente	Ingrediens
Jardín	Hage
Lavanda	Lavendel
Mejorana	Marjoram
Menta	Mynte
Perejil	Persille
Planta	Plante
Romero	Rosmarin
Sabor	Smak
Verde	Grønn

Herramientas
Verktøy

Alicates	Tang
Antorcha	Lommelykt
Cable	Kabel
Cuchillo	Kniv
Cuerda	Tau
Escalera	Stige
Grapa	Stift
Grapadora	Stiftemaskin
Hacha	Øks
Martillo	Hammer
Navaja	Barberhøvel
Pala	Spade
Pegamento	Lim
Regla	Hersker
Rueda	Hjul
Tijeras	Saks
Tornillo	Skrue

Herramientas de Cocina
Verktøy for Matlaging

Batidora	Blender
Caldera	Kjele
Colador	Sil
Cubertería	Bestikk
Cuchara	Skje
Cuchillo	Kniv
Espátula	Stekespade
Estufa	Komfyr
Exprimidor	Juicer
Horno	Ovn
Rallador	Rivjern
Refrigerador	Kjøleskap
Tapa	Lokk
Tenedor	Gaffel
Termómetro	Termometer
Tijeras	Saks
Tostadora	Brødrister

Insectos
Insekter

Abeja	Bie
Avispa	Veps
Áfido	Bladlus
Cigarra	Cicada
Cucaracha	Kakerlakk
Escarabajo	Bille
Gusano	Orm
Hormiga	Maur
Larva	Larve
Libélula	Øyenstikker
Mantis	Mantis
Mariposa	Sommerfugl
Mariquita	Marihøne
Mosquito	Mygg
Polilla	Møll
Pulga	Loppe
Saltamontes	Gresshoppe
Termita	Termitt

Instrumentos Musicales
Musikkinstrumenter

Armónica	Munnspill
Arpa	Harpe
Banjo	Banjo
Clarinete	Klarinett
Fagot	Fagott
Flauta	Fløyte
Gong	Gong
Guitarra	Gitar
Mandolina	Mandolin
Marimba	Marimba
Oboe	Obo
Pandereta	Tamburin
Percusión	Perkusjon
Piano	Piano
Saxofón	Saksofon
Tambor	Tromme
Trombón	Trombone
Trompeta	Trompet
Violín	Fiolin
Violonchelo	Cello

Jardín
Hage

Arbusto	Busk
Árbol	Tre
Banco	Benk
Césped	Plen
Estanque	Dam
Flor	Blomst
Garaje	Garasje
Hamaca	Hengekøye
Hierba	Gress
Huerto	Frukthage
Jardín	Hage
Malezas	Ugress
Manguera	Slange
Pala	Spade
Porche	Veranda
Rastrillo	Rake
Suelo	Jord
Terraza	Terrasse
Trampolín	Trampoline
Valla	Gjerde

Juguetes
Leker

Ajedrez	Sjakk
Arcilla	Leire
Artesanía	Håndverk
Avión	Fly
Barco	Båt
Bicicleta	Sykkel
Bola	Ball
Camión	Lastebil
Coche	Bil
Cometa	Drage
Favorito	Favoritt
Imaginación	Fantasi
Juegos	Spill
Libros	Bøker
Muñeca	Dukke
Pinturas	Maling
Robot	Robot
Rompecabezas	Puslespill
Tambores	Trommer
Tren	Tog

Libros
Reserve

Autor	Forfatter
Aventura	Eventyr
Colección	Samling
Contexto	Kontekst
Dualidad	Dualitet
Escrito	Skrevet
Historia	Historie
Histórico	Historisk
Humorístico	Humoristisk
Inventivo	Oppfinnsom
Lector	Leser
Literario	Litterær
Narrador	Forteller
Novela	Roman
Página	Side
Pertinente	Aktuell
Poema	Dikt
Poesía	Poesi
Serie	Serie
Trágico	Tragisk

Literatura
Litteratur

Analogía	Analogi
Análisis	Analyse
Anécdota	Anekdote
Autor	Forfatter
Biografía	Biografi
Comparación	Sammenligning
Conclusión	Konklusjon
Descripción	Beskrivelse
Diálogo	Dialog
Estilo	Stil
Metáfora	Metafor
Narrador	Forteller
Novela	Roman
Opinión	Mening
Poema	Dikt
Poético	Poetisk
Rima	Rim
Ritmo	Rytme
Tema	Tema
Tragedia	Tragedie

Mamíferos
Pattedyr

Ballena	Hval
Burro	Esel
Caballo	Hest
Camello	Kamel
Canguro	Kenguru
Cebra	Sebra
Conejo	Kanin
Coyote	Prærieulv
Delfín	Delfin
Elefante	Elefant
Gato	Katt
Gorila	Gorilla
Jirafa	Sjiraff
Lobo	Ulv
Mono	Ape
Oso	Bjørn
Oveja	Sau
Perro	Hund
Toro	Okse
Zorro	Rev

Mascotas
Kjæledyr

Agua	Vann
Cabra	Geit
Cachorro	Valp
Cola	Hale
Collar	Krage
Comida	Mat
Conejo	Kanin
Correa	Bånd
Garras	Klør
Gatito	Kattunge
Gato	Katt
Hámster	Hamster
Lagarto	Øgle
Loro	Papegøye
Perro	Hund
Pescado	Fisk
Ratón	Mus
Tortuga	Skilpadde
Vaca	Ku
Veterinario	Veterinær

Matemáticas
Matematikk

Aritmética	Aritmetikk
Ángulos	Vinkler
Circunferencia	Omkrets
Cuadrado	Torget
Decimal	Desimal
Diámetro	Diameter
División	Divisjon
Ecuación	Ligning
Esfera	Sfære
Exponente	Eksponent
Fracción	Brøkdel
Geometría	Geometri
Paralelo	Parallell
Polígono	Polygon
Radio	Radius
Rectángulo	Rektangel
Simetría	Symmetri
Suma	Sum
Triángulo	Trekant
Volumen	Volum

Mediciones
Målinger

Altura	Høyde
Ancho	Bredde
Byte	Byte
Centímetro	Centimeter
Decimal	Desimal
Grado	Grad
Gramo	Gram
Kilogramo	Kilo
Kilómetro	Kilometer
Litro	Liter
Longitud	Lengde
Masa	Masse
Metro	Meter
Minuto	Minutt
Onza	Unse
Peso	Vekt
Profundidad	Dybde
Pulgada	Tomme
Tonelada	Tonn
Volumen	Volum

Meditación
Meditasjon

Aceptación	Aksept
Atención	Oppmerksomhet
Bondad	Vennlighet
Calma	Rolig
Claridad	Klarhet
Compasión	Medfølelse
Emociones	Følelser
Gratitud	Takknemlighet
Mental	Mental
Mente	Sinn
Movimiento	Bevegelse
Música	Musikk
Naturaleza	Natur
Observación	Observasjon
Paz	Fred
Pensamientos	Tanker
Perspectiva	Perspektiv
Postura	Holdning
Respiración	Puste
Silencio	Stillhet

Mitología
Mytologi

Arquetipo	Arketype
Celos	Sjalusi
Cielo	Himmel
Comportamiento	Oppførsel
Creación	Skapelse
Creencias	Tro
Criatura	Skapning
Cultura	Kultur
Desastre	Katastrofe
Fuerza	Styrke
Guerrero	Kriger
Héroe	Helt
Inmortalidad	Udødelighet
Laberinto	Labyrint
Leyenda	Legende
Monstruo	Monster
Mortal	Dødelig
Rayo	Lyn
Trueno	Torden
Venganza	Hevn

Mueble
Innredning

Alfombra	Teppe
Almohada	Pute
Armario	Armoire
Banco	Benk
Cama	Seng
Cojines	Puter
Colchón	Madrass
Cortinas	Gardiner
Cómoda	Kommode
Escritorio	Skrivebord
Espejo	Speil
Estantería	Bokhylle
Futón	Futon
Hamaca	Hengekøye
Lámpara	Lampe
Silla	Stol
Sillón	Lenestol
Sofá	Sofa

Naturaleza
Naturen

Abejas	Bier
Animales	Dyr
Ártico	Arktisk
Belleza	Skjønnhet
Bosque	Skog
Desierto	Ørken
Dinámico	Dynamisk
Erosión	Erosjon
Follaje	Løvverk
Glaciar	Isbre
Niebla	Tåke
Nubes	Skyer
Pacífico	Fredelig
Refugio	Ly
Río	Elv
Salvaje	Vill
Santuario	Helligdom
Sereno	Rolig
Tropical	Tropisk
Vital	Viktig

Nutrición
Ernæring

Amargo	Bitter
Apetito	Appetitt
Calidad	Kvalitet
Calorías	Kalorier
Carbohidratos	Karbohydrater
Comestible	Spiselig
Dieta	Diett
Digestión	Fordøyelse
Equilibrado	Balansert
Fermentación	Gjæring
Hábitos	Vaner
Nutriente	Næringsstoff
Peso	Vekt
Proteínas	Proteiner
Sabor	Smak
Salsa	Saus
Salud	Helse
Saludable	Sunn
Toxina	Gift
Vitamina	Vitamin

Números
Antall

Catorce	Fjorten
Cero	Null
Cinco	Fem
Cuatro	Fire
Decimal	Desimal
Diecinueve	Nitten
Dieciocho	Atten
Dieciséis	Seksten
Diecisiete	Sytten
Diez	Ti
Doce	Tolv
Dos	To
Nueve	Ni
Ocho	Åtte
Quince	Femten
Seis	Seks
Siete	Syv
Trece	Tretten
Tres	Tre
Veinte	Tjue

Océano
Havet

Alga	Alger
Anguila	Ål
Arrecife	Rev
Atún	Tunfisk
Ballena	Hval
Barco	Båt
Camarón	Reke
Cangrejo	Krabbe
Coral	Korall
Delfín	Delfin
Esponja	Svamp
Mareas	Tidevann
Medusa	Manet
Ostra	Østers
Pescado	Fisk
Pulpo	Blekksprut
Sal	Salt
Tiburón	Hai
Tormenta	Storm
Tortuga	Skilpadde

Paisajes
Landskap

Cascada	Foss
Cueva	Hule
Desierto	Ørken
Estuario	Elvemunningen
Géiser	Geysir
Glaciar	Isbre
Iceberg	Isfjell
Isla	Øy
Lago	Innsjø
Laguna	Lagune
Mar	Hav
Montaña	Fjell
Oasis	Oase
Pantano	Sump
Península	Halvøy
Playa	Strand
Río	Elv
Tundra	Tundra
Valle	Dal
Volcán	Vulkan

Países #2
Land #2

Albania	Albania
Australia	Australia
Austria	Østerrike
Dinamarca	Danmark
Etiopía	Etiopia
Francia	Frankrike
Grecia	Hellas
Indonesia	Indonesia
Irlanda	Irland
Jamaica	Jamaica
Japón	Japan
Laos	Laos
México	Mexico
Pakistán	Pakistan
Portugal	Portugal
Rusia	Russland
Siria	Syria
Sudán	Sudan
Ucrania	Ukraina
Uganda	Uganda

Pájaros
Fugler

Avestruz	Struts
Águila	Ørn
Cigüeña	Stork
Cisne	Svanen
Cuco	Gjøk
Cuervo	Kråke
Flamenco	Flamingo
Ganso	Gås
Garza	Hegre
Gaviota	Måke
Gorrión	Spurv
Halcón	Hauk
Huevo	Egg
Loro	Papegøye
Paloma	Due
Pato	And
Pelícano	Pelikan
Pingüino	Pingvin
Pollo	Kylling
Tucán	Toucan

Pesca
Fiske

Agua	Vann
Aletas	Finnene
Barco	Båt
Branquias	Gjeller
Cable	Ledning
Cebo	Agn
Cesta	Kurv
Cocinar	Kokk
Equipo	Utstyr
Exageración	Overdrivelse
Gancho	Krok
Lago	Innsjø
Mandíbula	Kjeve
Océano	Hav
Paciencia	Tålmodighet
Peso	Vekt
Playa	Strand
Río	Elv
Temporada	Årstid

Piratas
Sjørøvere

Ancla	Anker
Aventura	Eventyr
Bandera	Flagg
Brújula	Kompass
Capitán	Kaptein
Cicatriz	Arr
Cueva	Hule
Espada	Sverd
Isla	Øy
Leyenda	Legende
Loro	Papegøye
Malo	Dårlig
Mapa	Kart
Monedas	Mynter
Oro	Gull
Peligro	Fare
Playa	Strand
Ron	Rom
Tesoro	Skatt
Tripulación	Mannskap

Plantas
Planter

Arbusto	Busk
Árbol	Tre
Bambú	Bambus
Baya	Bær
Bosque	Skog
Botánica	Botanikk
Cactus	Kaktus
Fertilizante	Gjødsel
Flor	Blomst
Flora	Flora
Follaje	Løvverk
Frijol	Bønne
Hiedra	Eføy
Hierba	Gress
Hoja	Blad
Jardín	Hage
Musgo	Mose
Pétalo	Kronblad
Raíz	Rot
Vegetación	Vegetasjon

Profesiones #1
Yrker # 1

Abogado	Advokat
Astrónomo	Astronom
Atleta	Atlet
Bailarín	Danser
Banquero	Bankier
Bombero	Brannmann
Cartógrafo	Kartograf
Cazador	Jeger
Doctor	Lege
Editor	Redaktør
Embajador	Ambassadør
Enfermera	Sykepleier
Entrenador	Trener
Fontanero	Rørlegger
Geólogo	Geolog
Joyero	Gullsmed
Músico	Musiker
Pianista	Pianist
Psicólogo	Psykolog
Veterinario	Veterinær

Profesiones #2
Yrker # 2

Astronauta	Astronaut
Bibliotecario	Bibliotekar
Biólogo	Biolog
Cirujano	Kirurg
Dentista	Tannlege
Detective	Detektiv
Filósofo	Filosof
Fotógrafo	Fotograf
Ilustrador	Illustratør
Ingeniero	Ingeniør
Inventor	Oppfinner
Investigador	Forsker
Jardinero	Gartner
Lingüista	Lingvist
Médico	Lege
Periodista	Journalist
Piloto	Pilot
Pintor	Maler
Profesor	Lærer
Zoólogo	Zoolog

Rellenar
For å Fylle

Bandeja	Brett
Barril	Fat
Bolsa	Pose
Bolsillo	Lomme
Botella	Flaske
Caja	Eske
Cajón	Skuff
Carpeta	Mappe
Cartón	Kartong
Cesta	Kurv
Cubo	Bøtte
Cuenca	Basseng
Jarrón	Vase
Maleta	Koffert
Paquete	Pakke
Sobre	Konvolutt
Tarro	Krukke
Tubo	Rør

Restaurante #1
Restaurant #1

Alergia	Allergi
Café	Kaffe
Cajero	Kasserer
Camarera	Servitør
Carne	Kjøtt
Cocina	Kjøkken
Comida	Mat
Cuchillo	Kniv
Ingredientes	Ingredienser
Menú	Meny
Pan	Brød
Picante	Krydret
Plato	Tallerken
Pollo	Kylling
Postre	Dessert
Reserva	Reservasjon
Salsa	Saus
Servilleta	Serviett
Tazón	Bolle

Restaurante #2
Restaurant # 2

Agua	Vann
Almuerzo	Lunsj
Aperitivo	Forrett
Bebida	Drikk
Camarero	Kelner
Cena	Middag
Cuchara	Skje
Delicioso	Deilig
Ensalada	Salat
Especias	Krydder
Fruta	Frukt
Hielo	Is
Huevos	Egg
Pastel	Kake
Pescado	Fisk
Sal	Salt
Silla	Stol
Sopa	Suppe
Tenedor	Gaffel
Verduras	Grønnsaker

Ropa
Klær

Abrigo	Frakk
Blusa	Bluse
Bufanda	Skjerf
Camisa	Skjorte
Chaqueta	Jakke
Cinturón	Belte
Collar	Halskjede
Delantal	Forkle
Falda	Skjørt
Guantes	Hansker
Joyas	Smykker
Moda	Mote
Pantalones	Bukse
Pijama	Pyjamas
Pulsera	Armbånd
Sandalias	Sandaler
Sombrero	Hatt
Suéter	Genser
Vestido	Kjole
Zapato	Sko

Selva Tropical
Regnskogen

Anfibios	Amfibier
Botánico	Botanisk
Clima	Klima
Comunidad	Samfunnet
Diversidad	Mangfold
Especie	Art
Indígena	Urfolk
Insectos	Insekter
Mamíferos	Pattedyr
Musgo	Mose
Naturaleza	Natur
Nubes	Skyer
Pájaros	Fugler
Preservación	Bevaring
Refugio	Tilflukt
Respeto	Respekt
Restauración	Restaurering
Selva	Jungel
Supervivencia	Overlevelse
Valioso	Verdifull

Senderismo
Vandring

Acantilado	Klippe
Agua	Vann
Animales	Dyr
Botas	Støvler
Camping	Camping
Cansado	Trøtt
Clima	Klima
Cumbre	Toppmøte
Mapa	Kart
Montaña	Fjell
Mosquitos	Mygg
Naturaleza	Natur
Orientación	Orientering
Parques	Parker
Pesado	Tung
Piedras	Steiner
Preparación	Forberedelse
Salvaje	Vill
Sol	Sol

Suministros de Arte
Kunst Forsyninger

Aceite	Olje
Acrílico	Akryl
Acuarelas	Akvareller
Agua	Vann
Arcilla	Leire
Borrador	Viskelær
Caballete	Staffeli
Carbón	Kull
Cámara	Kamera
Cepillos	Børster
Colores	Farger
Creatividad	Kreativitet
Ideas	Ideer
Lápices	Blyanter
Mesa	Bord
Papel	Papir
Pegamento	Lim
Pinturas	Maling
Silla	Stol
Tinta	Blekk

Surf
Surfing

Arrecife	Rev
Atleta	Atlet
Campeón	Mester
Clima	Vær
Diversión	Moro
Espuma	Skum
Estilo	Stil
Estómago	Mage
Extremo	Ekstrem
Fuerza	Styrke
Multitudes	Folkemengder
Océano	Hav
Ola	Bølge
Playa	Strand
Popular	Populær
Principiante	Nybegynner
Remo	Padle
Velocidad	Hastighet

Tecnología
Teknologi

Archivo	Fil
Blog	Blogg
Bytes	Byte
Cámara	Kamera
Cursor	Markør
Datos	Data
Digital	Digitalt
Estadísticas	Statistikk
Fuente	Skrift
Internet	Internett
Investigación	Forskning
Mensaje	Melding
Navegador	Nettleser
Ordenador	Datamaskin
Pantalla	Skjerm
Seguridad	Sikkerhet
Software	Programvare
Virtual	Virtuell
Virus	Virus

Tiempo
Tid

Ahora	Nå
Antes	Før
Anual	Årlig
Año	År
Ayer	I Går
Calendario	Kalender
Década	Tiår
Día	Dag
Futuro	Fremtid
Hora	Time
Hoy	I Dag
Mañana	Morgen
Mediodía	Middagstid
Mes	Måned
Minuto	Minutt
Momento	Øyeblikk
Noche	Natt
Reloj	Klokke
Semana	Uke
Siglo	Århundre

Tipos de Cabello
Hårtyper

Blanco	Hvit
Brillante	Skinnende
Calvo	Skallet
Corto	Kort
Delgada	Tynn
Gris	Grå
Grueso	Tykk
Largo	Lang
Marrón	Brun
Negro	Svart
Ondulado	Bølgete
Plata	Sølv
Rizado	Krøllet
Rizos	Krøller
Rubio	Blond
Saludable	Sunn
Seco	Tørr
Suave	Myk
Trenzado	Flettet
Trenzas	Fletter

Vacaciones #2
Ferie # 2

Aeropuerto	Flyplassen
Carpa	Telt
Destino	Destinasjon
Extranjero	Utlending
Fotos	Bilder
Hotel	Hotell
Isla	Øy
Mapa	Kart
Mar	Hav
Ocio	Fritid
Pasaporte	Pass
Playa	Strand
Reservas	Reservasjoner
Restaurante	Restaurant
Taxi	Taxi
Transporte	Transport
Tren	Tog
Vacaciones	Ferie
Viaje	Reise
Visa	Visum

Vehículos
Kjøretøy

Ambulancia	Ambulanse
Autobús	Buss
Avión	Fly
Balsa	Flåte
Barco	Båt
Bicicleta	Sykkel
Camión	Lastebil
Caravana	Campingvogn
Coche	Bil
Cohete	Rakett
Ferry	Ferje
Furgoneta	Varebil
Helicóptero	Helikopter
Metro	T
Motor	Motor
Neumáticos	Dekk
Submarino	Undervannsbåt
Taxi	Taxi
Tractor	Traktor
Tren	Tog

Verano
Sommer

Alegría	Glede
Amigos	Venner
Buceo	Dykking
Camping	Camping
Comida	Mat
Estrellas	Stjerner
Familia	Familie
Hogar	Hjem
Jardín	Hage
Juegos	Spill
Libros	Bøker
Mar	Hav
Música	Musikk
Ocio	Fritid
Playa	Strand
Recuerdos	Minner
Relajación	Avslapning
Sandalias	Sandaler
Vacaciones	Ferie
Viaje	Reise

Verduras
Grønnsaker

Ajo	Hvitløk
Alcachofa	Artisjokk
Apio	Selleri
Berenjena	Aubergine
Brócoli	Brokkoli
Calabaza	Gresskar
Cebolla	Løk
Ensalada	Salat
Espinacas	Spinat
Guisante	Ert
Jengibre	Ingefær
Nabo	Nepe
Oliva	Oliven
Patata	Potet
Pepino	Agurk
Perejil	Persille
Rábano	Reddik
Seta	Sopp
Tomate	Tomat
Zanahoria	Gulrot

Virtudes #1
Dyder # 1

Apasionado	Lidenskapelig
Artístico	Kunstnerisk
Bien	God
Curioso	Nysgjerrig
Decisivo	Avgjørende
Eficiente	Effektiv
Encantador	Sjarmerende
Fiable	Pålitelig
Generoso	Sjenerøs
Gracioso	Morsom
Imaginativo	Fantasifull
Independiente	Uavhengig
Inteligente	Intelligent
Limpio	Ren
Modesto	Beskjeden
Paciente	Pasient
Práctico	Praktisk
Sabio	Klok
Útil	Nyttig

Enhorabuena

Lo has conseguido!

Esperamos que hayas disfrutado de este libro tanto como nosotros al diseñarlo. Nos esforzamos por crear libros de la máxima calidad posible.
Esta edición está diseñada para proporcionar un aprendizaje inteligente, de calidad y divertido!

¿Te ha gustado este libro?

Una Petición Sencilla

Estos libros existen gracias a las reseñas que se publican.
¿Podrías ayudarnos dejando una reseña ahora?
Aquí tienes un breve enlace a la página de reseñas

BestBooksActivity.com/Opiniones50

¡DESAFÍO FINAL!

Reto n°1

¿Estás listo para tu juego gratis? Los utilizamos siempre, pero no son tan fáciles de encontrar. ¡Aquí están los **Sinónimos**!

Escribe 5 palabras que hayas encontrado en los rompecabezas (#21, #36, #76) y trata de encontrar 2 sinónimos para cada palabra.

Escriba 5 palabras del **Puzzle 21**

Palabras	Sinónimo 1	Sinónimo 2

Escriba 5 palabras del **Puzzle 36**

Palabras	Sinónimo 1	Sinónimo 2

Escriba 5 palabras del **Puzzle 76**

Palabras	Sinónimo 1	Sinónimo 2

Reto n°2

Ahora que te has calentado, escribe 5 palabras que hayas encontrado en los Puzzles 9, 17 y 25 e intenta encontrar 2 antónimos para cada palabra. ¿Cuántos puedes encontrar en 20 minutos?

Escriba 5 palabras del **Puzzle 9**

Palabras	Antónimo 1	Antónimo 2

Escriba 5 palabras del **Puzzle 17**

Palabras	Antónimo 1	Antónimo 2

Escriba 5 palabras del **Puzzle 25**

Palabras	Antónimo 1	Antónimo 2

Reto n°3

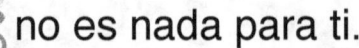

¡Genial! Este desafío final no es nada para ti.

¿Preparado para el reto final? Elige 10 palabras que hayas descubierto en los diferentes rompecabezas y escríbelas a continuación.

1.	6.
2.	7.
3.	8.
4.	9.
5.	10.

Ahora escribe un texto pensando en una persona, un animal o un lugar que te guste.

Puedes usar la última página de este libro como borrador.

Tu Composición:

CUADERNO DE NOTAS :

HASTA PRONTO !

Todo el Equipo

DESCUBRA JUEGOS GRATIS

GO

↓

BESTACTIVITYBOOKS.COM/FREEGAMES

www.ingramcontent.com/pod-product-compliance
Lightning Source LLC
Chambersburg PA
CBHW081705120626
46550CB00010B/3022